G. FINZI

GIACOMO LÉOPARDI

SA VIE ET SON ŒUVRE

Traduits de l'italien avec l'autorisation de l'auteur

PAR

MADAME THIERARD-BAUDRILLART

Librairie académique PERRIN et Cie

GIACOMO LÉOPARDI

SA VIE ET SON ŒUVRE

E. GREVIN — IMPRIMERIE DE LAGNY

G. FINZI

GIACOMO LÉOPARDI

SA VIE ET SON ŒUVRE

Traduits de l'italien avec l'autorisation de l'auteur

PAR

MADAME THIÉRARD-BAUDRILLART

PARIS

LIBRAIRIE ACADÉMIQUE

PERRIN ET Cie, LIBRAIRES-ÉDITEURS

35, QUAI DES GRANDS-AUGUSTINS, 35

1920

AVANT-PROPOS

La traduction du présent livre [1] était terminée en 1914. Un recul de cinq années dans sa publication pourrait en diminuer l'intérêt si le sujet était d'actualité; mais tel n'est point le cas.

L'étude littéraire que nous présente M. G. Finzi, le savant professeur de l'Université de Naples, actuellement à Gênes, auteur de nombreux ouvrages dont certains furent traduits et publiés ici, est consacrée au poète Léopardi. D'éminents critiques français et étrangers ont bien fait sur le célèbre poète et sur son œuvre des études savantes et intéressantes, et cependant il n'est qu'imparfaitement connu du grand public français.

---

1. Extrait du *Cours d'Histoire de la Littérature italienne*, de M. G. Finzi (Vol. IV). Turin. Loëscher, éditeur.

A un moment où il est tant parlé d'union et de
fraternité des nations, il semble, si cette union
n'est pas un rêve chimérique, qu'elle pourrait
ne pas se fonder seulement sur des intérêts politiques et commerciaux, mais sur une connaissance
réciproque plus complète du caractère, des idées,
des sentiments de ces nations. Et quel moyen de
rapprochement est plus efficace et plus noble que
le livre? Le livre avec son infinie variété de sujets,
de genres et de formes, mis à la portée de tous les
esprits par des esprits droits et impartiaux. Cette
connaissance mutuelle de la pensée, de l'histoire,
de la vie d'un peuple par sa littérature dans ce
qu'elle a d'élevé, ne serait-elle capable de créer
le courant sympathique? Et ne doit-elle pas être
plus recherchée et désirée encore, lorsque ce
peuple nous touche de tout près, qu'il nous est
apparenté par les liens les plus anciens et les plus
forts : même sang, même idiome originel, même
religion, même civilisation, mêmes affinités artistiques et littéraires, et que, de plus, il vient de
combattre avec nous un même ennemi héréditaire,
dans un même but et un même idéal? Que ceux
qui savent enseignent donc ceux qui ignorent, et
de cet enseignement résultera pour tous un bien
moral et social. Les études littéraires de M. Finzi
sont pour la plupart en Italie destinées à la jeunesse studieuse. Nous avons pensé qu'en France

aussi la jeunesse studieuse pourrait trouver quelque intérêt à celle-ci. Léopardi, grand érudit, poète de la douleur, philosophe pessimiste, mérite d'être mieux connu dans sa vie infiniment malheureuse, due pour une grande part aux circonstances, à son caractère, à sa nature, et, pour une part plus grande encore, à des infirmités et des souffrances physiques qui devinrent de véritables tortures morales; il mérite de l'être dans son œuvre, si judicieusement analysée ici dans sa forme littéraire et dans sa substance, par le distingué critique italien qui en cite de nombreux fragments en prose et en vers. Nous suivons ainsi la pensée même du philosophe, du poète désenchanté de la vie et de toutes choses humaines, de l'homme déçu dans tous ses rêves de félicité, et triste victime du doute, arrivant au terme fatal, ayant tout perdu, foi, espérance divine, consolations terrestres.

Pourtant il eut cette foi en ses premières années. Un peu plus tard il eut une autre foi, celle du relèvement de sa patrie, et confiant dans ses destinées, il fit même entendre sa voix jeune, sincère et ardente en des discours patriotiques invitant à *réveiller les morts pour ranimer les vivants endormis.* Si elle ne retentit point comme celles des Berchet, des Brofferio, des Mameli, et autres bardes de ce temps, elle agit néanmoins sur les esprits qui rêvaient d'affranchissement du joug étranger, et entrevoyaient la délivrance. Et Léopardi, poète du désespoir, mais d'abord poète patriote, est compté en Italie comme l'un des promoteurs de l'unité et de la liberté italiennes.

M. Thiérard-Baudrillart.

GIACOMO LÉOPARDI

SA VIE ET SON ŒUVRE

CHAPITRE PREMIER

LA JEUNESSE DE GIACOMO LÉOPARDI

La famille de Léopardi. — Enfance et jeunesse de Léopardi. — Sa *Tragédie de Pompée en Égypte*. — Histoire de l'Astronomie. — Études de Philologie. — *Essai sur les erreurs des anciens*. — *Discours aux Italiens*. — *Julius Africain*. — Conversion littéraire de Léopardi. — *L'Appressamento della morte*[1]. Nouvelles études d'érudition. — *Fronton*. — Traductions. — *Hymne à Neptune*. — Sonnets. — Idées de Léopardi sur la Littérature. — Son état physique et moral en 1816.

Tandis que dans les cercles choisis du Paris savant, Alexandre Manzoni, alors âgé de vingt ans, s'enivrait du poison de la philosophie voltairienne et sensualiste qu'il devait bientôt renier, mystérieusement ramené à la foi; dans une ville des Marches, à Récanati, un jeune enfant élevé dans la foi, n'allait pas tarder à devenir un grand rebelle.

1. Le Pressentiment de la mort.

Le xvIII^e siècle allait finir, et à Récanati dominait toujours la maison des Léopardi qui faisait
remonter son arbre généalogique à 1200, époque
où l'on a connaissance d'un certain *Attone*, dont
un descendant, *Gradolone*, vivait en 1250, et un
neveu, *Tedelgardo*, vers 1300. Jamais, au cours
de six siècles, la noble famille ne démentit sa foi
guelfe. Et même il semble que, au rebours des
temps, les dernières générations soient restées
d'autant plus inébranlablement attachées à l'autorité temporelle de l'Église que le souffle novateur
des réformes et des révolutions propageait des
idées enflammées de liberté.

A l'aube du xixe siècle, la famille du comte
Monaldo Léopardi gardait donc encore toutes les
habitudes aristocratiques, presque féodales, tra-
ditionnellement respectées et suivies, comme des
institutions domestiques : la maison pleine d'ecclé-
siastiques qui remplissaient les multiples fonc-
tions de secrétaires, précepteurs, pédagogues et
chapelains ; le personnel de service, tant cuisiniers
que camériers et valets, nombreux et tenu à de
grandes marques de respect ; les enfants élevés et
formés à un strict cérémonial, sans démonstrations de sentiments qui eussent pu faire naître la
confiance et affaiblir, ou tout au moins adoucir,
l'autorité hiérarchique absolue des parents ; les
conditions réelles de la famille, les circonstances
survenues qui les pouvaient modifier, soigneusement cachées aux enfants ; les rapports de ceux-ci

avec leurs parents, réduits à des formes con-
venues, rigoureusement observées, où tout élan
naturel de tendresse était réprimé, dissimulé, et
ne portait jamais la main de la mère à une douce
caresse, aux lèvres du père un complaisant sourire, au cœur des enfants, un confiant abandon.

Tel était le milieu où régnait sans autorité le
comte Monaldo (1776-1847). A une idée fausse
ou exagérée, des droits et devoirs que lui conférait
son rôle de chef de famille, se joignaient une certaine indépendance et une certaine tournure d'esprit qui lui donnaient un caractère plein de
contradictions, assez original, et non dépourvu
d'intérêt.

Son père le laissa orphelin à dix-huit ans. Et,
comme sans doute il le savait prodigue et peu entendu en affaires, il lui avait interdit, dans son
testament, de s'occuper de la gestion de ses biens.
Cependant, moyennant quelque argent, Monaldo
obtint du gouvernement papal la levée de la
défense paternelle. Mais au bout de vingt ans,
criblé de dettes, il lui fallut ensuite quarante
années d'économies pour s'en libérer. Que de
fois son inexpérience et sa confiance se trouvèrent
surprises par des gens adroits ! et que de fois il
dut payer un peu cher les effets de sa vanité !
Pour répondre à un appel du Pape en 1796, en
vue d'une résistance contre les Français, il lui en
coûta plus de mille écus, employés à l'achat de
deux chevaux et à l'équipement d'un milicien,

entretenu à ses frais. « Vanité de faire parler de moi », avoue-t-il naturellement. En 1801, désireux de fonder une académie, il offre sa propre maison pour en être le siège, et supporte toutes les dépenses. En 1802, il s'engage généreusement pour 100 écus, en faveur de celui qui avait ordonné son arrestation. Il est le premier à introduire l'inoculation du vaccin dans sa région, en triomphant des préjugés de l'époque et du lieu. Cependant, opiniâtrément attaché aux coutumes du temps, il se flatte d'avoir été le dernier qui ait lutté en Italie pour leur maintien. Respectueux de l'autorité et de la personne du Pontife, il n'en blâme pas moins les vices de la Curie en termes sévères; en même temps, plus rétrograde que le Pape, il considère comme néfaste la pieuse mémoire de Clément XIV parce qu'il abolit l'ordre des Jésuites. Avec les livres qu'il se procure, ou qu'il achète lui-même en certains couvents, il se crée une importante bibliothèque, poussé par le désir d'en posséder un grand nombre, autant *pour en tirer un fruit littéraire que pour en faire l'ornement de sa maison.* Et cette bibliothèque, il l'ouvre *à ses enfants, à ses amis, à ses concitoyens,* et dans son testament la consacre comme une fondation domestique. On ne peut nier qu'il ait mis au choix de ses livres une certaine largeur, et qu'il soit sorti du cercle étroit où il s'enfermait, obtenant même pour ses fils, et pour sa fille Pauline, l'autorisation de lire des livres à l'Index. Pour lui, il se plaçait parmi les conservateurs les plus intransigeants et les plus étroits, limitant sa patrie aux murs de sa ville natale, et basant son idéal politique sur l'absolutisme le plus rigide, soutenu par la force. Son horreur des idées révolutionnaires se manifeste dans son Autobiographie et dans sa Correspondance, par des mots d'une profonde tristesse [1].

Se flattant du mérite d'une parfaite *quadrature du cerveau* il déclarait qu'il se sentait supérieur aux autres, sinon par l'intelligence, du moins par la rectitude du jugement; et pourtant, dans la même confession, il se dit orgueilleux et entêté! Quoiqu'il en soit, son autorité fut toujours faible, aussi bien dans son pays que dans sa famille, où, — avoue-t-il encore, — il n'était maître que des *fritatte* [2]! Charitable, prodigue, pieux, il se ruinait en aumônes aux pauvres, en secours à ceux qui lui en demandaient, en repas dans les grandes cérémonies, en dons aux églises. Privé légalement en 1803 de la gestion de sa fortune obérée, dont

1. « Malgré sa prétendue fermeté, et sa croyance que les autres finissaient toujours par être de son avis, il subissait facilement au contraire l'influence d'autrui. Et ce fanatisme conservateur, en politique comme en religion, qu'il avait par tradition et par éducation, dut s'accroître et se renforcer encore par son intimité avec un prêtre alsacien, J. F. Vogel, proscrit par la Révolution française, qui se réfugia d'abord à Fermo, puis à Récanati où il obtint un canonicat de 1809 à 1814, et passa de là à Lorette. Homme érudit, et particulièrement aimé du comte Monaldo et de son fils Jacques, il fut considéré par eux comme un maître. » Cfr. Gugnoni. *Op. ined. de G. Leop.*

2. Au figuré, choses sans importance.

sa femme Adélaïde prit le gouvernement, il se trouva souvent dans l'embarras, et cherchait à en sortir par des moyens et des subterfuges qui contrastaient certainement avec ses idées de dignité et de décorum. Ainsi, pendant qu'il reprochait à son fils Jacques de donner des leçons rétribuées, et de faire des travaux pour un libraire moyennant un salaire mensuel qu'il considérait comme chose humiliante[1], il dotait d'un cloître les mineurs de l'Observance, mais faisait transporter les matériaux la nuit afin que sa femme n'en puisse rien savoir. Il usait avec elle de petites ruses quand il avait besoin de quelque argent. Tantôt c'était un livre qu'il prenait dans sa bibliothèque, en lui disant qu'il venait de l'acheter et devait le payer sans retard. Tantôt il s'entendait avec des commissionnaires, pour vendre à son insu un sac de grain ou un baril de vin. Et quand son cœur, au fond très bon, lui suggérait quelque témoignage d'affection envers son fils absent, il devait, pour échapper au danger d'être découvert par sa femme, donner des adresses fictives ou se faire envoyer les réponses par des tiers. Ainsi le pauvre comte, avec son orgueil aristocratique, ses idées de noble dignité, son désir de paraître toujours *l'épée au côté, en habit de parade*, devait, pour ne pas manquer au décorum indispensable à son rang, s'accommoder

_____

1. Cfr. Piergili. *Lettere scritte a G. Leop. da' suoi parenti.*

d'expédients peu propres à accroître son prestige et son autorité.

Sa femme Adélaïde, marquise Antici de Récanati, fut le bon ange de la maison, si l'on ne considère que l'heureuse reconstitution du patrimoine, mais son mauvais génie si l'on veut bien penser à l'éducation et au sort de ses enfants[1]. Son grand mérite fut de comprendre tout de suite le mauvais état de la fortune familiale, et de se refuser aussitôt le luxe ou le confort auquel une femme n'est pas d'ordinaire indifférente, en se vouant tout entière à réparer les fautes dues à la mauvaise administration de son mari. Mais si, comme administrateur, elle a le mérite d'avoir rétabli, et de beaucoup accru le patrimoine domestique, comme femme, elle fut loin de faire le bonheur de son mari, et comme mère elle pensa moins au bonheur de ses enfants, qu'à la prospérité des descendants. Dans son autobiographie, dans son testament, dans ses lettres, Monaldo rend justice à l'intendante, mais les éloges qu'il lui décerne à ce titre, ne sauvent pas l'épouse de cette dure révélation qu'on lit dans l'Autobiographie, page 89 : « Le naturel et le caractère de ma femme sont à l'opposé de mon naturel et de mon caractère à moi, autant que le ciel

---

1. « Jacques, dit M. d'Ovidio dans ses *Essais critiques*, eut une très mauvaise éducation. Sa mère ne pensa qu'à reconstituer le patrimoine familial; elle y réussit, mais au détriment du bonheur de ses enfants, de Jacques en particulier. »

et la terre sont distants entre eux. » Paroles
écrites vingt-six ans après leur union, et laissées
intentionnellement à la postérité, pour témoigner
que Dieu punit, même dans le mariage, *les enfants
insoumis aux parents*. Monaldo, quant à son bonheur intérieur, se sentit donc cruellement puni
dans sa femme. Rien d'elle, ni souvenir tendre,
ni témoignage de sollicitude maternelle, ne ressort des lettres et des nombreux volumes de notes
et de documents réunis et publiés en ces dernières années, pour aider à la connaissance de
Giacomo Léopardi et de sa famille. Madame
Teresa Teja[1], qui épousa en secondes noces
Charles Léopardi, second fils du comte et de la
comtesse Léopardi, a fait de cette mère dont
l'austérité éleva entre elle et ses enfants un mur
de glace, un portrait qui est en trop complet
accord avec tous les souvenirs que l'on a d'elle,
et les conjectures que l'on peut faire en lisant la
Correspondance, pour le supposer inexact.

« Malheureusement, dit-elle, l'ineffable bonheur de l'affection *visible* et des caresses de leur
mère, manqua à l'enfance des jeunes Léopardi.
La comtesse Adélaïde aimait ses enfants, mais en
chrétienne austère ; la suave patience d'une sainte
Monique faisait défaut à cette vaillante femme ;
elle poussa à l'extrême la réserve observée dans
les anciennes familles, réserve qui n'était pas

1. Comtesse Teresa Teja Léopardi. *Notes biographiques sur
Léopardi et sur sa famille*. Milan, 1882.

sans influence salutaire sur la conduite des enfants et leur attitude envers les parents. Chez eux tout devait être grave et imposant ; et ces chers enfants me dirent en plus d'une circonstance, que dès l'âge de raison ils avaient compris que leurs parents devaient se préoccuper sans cesse de surveiller les impressions qui s'éveillaient en eux, parce que toutes leurs actions, toutes leurs paroles, étaient évidemment réglées de manière à ne jamais provoquer en leur esprit une fâcheuse interprétation...

La comtesse Adélaïde exagéra sans doute cette réserve, ayant pour principe de ne céder à aucune manifestation de tendresse. Elle approchait sa main des lèvres de ses enfants, mais ne les pressait point sur son cœur. Leurs aïeules étaient infiniment plus caressantes, et l'affection qu'ils eurent pour elles, se maintint vive et ardente jusqu'à leur mort. Ma conviction, j'ose le dire, est que si ces vénérables femmes avaient survécu à leur enfance, en les protégeant de leur sage et douce influence, la destinée de Jacques eût été toute différente ; il n'aurait pas déserté si souvent la maison paternelle, pour ensuite n'y revenir jamais. »

Ce manque de tendresse et cette excessive rigueur dans l'attitude de la mère, devenait une sorte de tyrannie dans l'austère maîtresse de maison. Et, quand nous lisons que le comte Monaldo pour avoir fait l'acquisition, à son insu, d'un gilet de laine, en reçut une *sévère répri-*

mande ; qu'au lieu de donner à son fils Jacques un manteau neuf, elle fit allonger l'ancien, devenu trop court, avec *deux palmes de drap grossier ;* que cet enfant devait sortir avec un vêtement troué, et s'entourer le cou d'un petit mouchoir malpropre, de *cinq baioques, avec lequel il s'essuyait le nez ;* que nous voyons le marquis Solari, ami de la famille, ne pas craindre de dénoncer à Monaldo *l'excessive sévérité* d'Adélaïde comme une des causes de la désertion tentée par Jacques en 1819, nous devons reconnaître que M. d'Ancona n'a rien exagéré en dépeignant Adélaïde de cette judicieuse manière : « Adélaïde, qui passait de la noble famille des marquis Antici, à celle des nobles Léopardi, découvrit que Monaldo, par sa mauvaise administration, avait gaspillé ses biens. A force d'épargne, d'économie, peut-être même de privations, elle parvint, après quelques années, à reconstituer le patrimoine et à le rétablir dans les florissantes conditions premières. Certes, à une femme jeune et belle, on doit tenir compte de cette tâche ardue et persévérante, par laquelle elle sauva la fortune compromise de la famille. Mais, trop absorbée sans doute dans ses calculs, elle éteignit en elle tout sentiment tendre ; et le but qu'elle s'était proposé lui fit oublier que le bonheur présent de ses enfants devait quelquefois passer avant leur bonheur futur. Autant son esprit s'ingéniait à trouver des moyens d'économie, autant son cœur se fermait aux prompts élans de l'amour maternel ; et si l'instinct la portait à leur tendre la main, la réflexion la lui fermait aussitôt. L'habitude du commandement, la conscience du rôle qu'elle avait dans la famille, la rendirent extrêmement impérieuse. Ses enfants lui reprochèrent non seulement *l'intempérance de sa curiosité*, mais que sa *domination soit devenue insupportable*. Monaldo lui-même devait courber la tête devant sa femme, par reconnaissance « l'habit noir s'humiliait devant le jupon. » A elle seule dans la maison il appartenait de commander [1]. »

Jacques, l'aîné des enfants Léopardi, naquit le 29 juin 1798. Son enfance se passa entre des études faites en commun avec Charles, Pauline et Louis, ses frères et sœur, un peu plus jeunes que lui, et de bruyantes récréations auxquelles les portait leur naturelle vivacité, et le bon vouloir du comte Monaldo. Car, malgré la rigidité des habitudes de la maison, le père croyait sage d'apporter un correctif à la constitution délicate de plusieurs de ses enfants [2].

« Leurs jeux — écrit la veuve de Charles Léopardi — étaient assez turbulents, mais dans les

---

1. Cfr. A d'Ancona. *La famille de Jacques Léopardi*. Nouvelle anthologie, 15 octobre 1878.

2. Charles devint grand et robuste, mais Louis fut emporté jeune par la phtisie ; et Jacques et Pauline durent apporter en naissant les germes du rachitisme qui les rendit bossus. (Cfr. C. Antona Traversi, op. cit. pages 88 et 149.) *Studii su Léopardi, Naples.*

grandes pièces à peine meublées, et beaucoup plus
simplement qu'à présent, ou dans les deux parties du jardin qui n'étaient guère que des terrains
incultes, bien faits pour leurs Jeux Romains,
comme ils disaient, les enfants s'amusaient sans
dommages ni dangers, surveillés de tous côtés. »

« Le comte Monaldo les encourageait même à
ces exercices qu'il jugeait excellents au développement du corps, et il avait fait faire à Récanati des boules, des haltères et tout ce qui pouvait
servir à une sorte de gymnastique. Quand on
sortait de la serre, ou qu'on y replaçait les caisses
d'orangers, de citronniers, de cédratiers et autres,
c'était pour eux jours de fête. Charles se le rap-
pelait surtout aux saisons où se renouvelait cette
opération, et il en parlait encore à ceux de ses
contemporains qui en avaient été témoins enfants,
et avaient vieilli avec lui.

« Il me faisait voir les carrioles basses sur lesquelles se transportaient les caisses, et qui ser-
vaient de chars au vainqueur. Ce vainqueur, bien
entendu, était toujours Jacques. Charles et Louis
étaient les licteurs, les esclaves, suivant que l'or-
donnait Jacques à ses frères et aux petits paysans
qui s'introduisaient dans le jardin derrière leur
père où leurs frères. Charles se dédommageait de
son rôle humiliant en décochant au héros triomphant des sarcasmes ou des injures auxquelles le
triomphateur ne répondait que par un solennel
mépris. »

Cette grande vivacité d'esprit, dont Léopardi enfant donnait déjà des preuves, alimentait son imagination qui fut dans la suite la source de ses glorieuses compositions, et en même temps de ses infinis malheurs. Charles Léopardi rapportait à Prosper Viani, et madame Téja elle aussi, écrivait ceci : « Lorsque ces enfants s'éveillaient avant l'heure, et attendaient dans leur petit lit que leur mère vînt les habiller, ils ne s'ennuyaient jamais, grâce à Jacques qui se mettait à leur raconter d'interminables histoires, où il improvisait des aventures étranges, fantastiques, de beaucoup plus intéressantes que toutes celles qu'ils lisaient ensuite, et qui sortaient toutes de son imagination brillante... Le jeune auteur n'y faisait paraître que des hommes, prenant ses types autour de lui de façon si drôle et si comique que Charles en riait encore. Le tyran Amostante ressemblait fort au comte Monaldo que Jacques cherchait à rendre terrible. Le héros Philzéro, beau parleur plein de fougue, ayant réponse à tout, attaquant tout le monde et ne se laissant battre par personne, n'était autre que Jacques, *le despote*, comme l'appelaient ses jeunes frères... »

Ces souvenirs sur l'enfance du poète ont de l'importance, non seulement parce qu'ils témoignent comment déjà se manifestaient ses rares qualités intellectuelles, mais encore parce qu'ils montrent que dans l'esprit de ces enfants, par

l'influence particulière de l'aîné, était entretenu
un certain sentiment de rébellion contre le caractère et l'autorité du père. Si Monaldo avait toujours usé d'une douce tendresse, ils ne l'eussent
pas représenté dans le tyran Amostante. Mais en
le représentant ainsi, ils laissent pressentir les
jeunes gens qui entreront bientôt en si longue et
si regrettable opposition avec leur père, suppor-
teront avec impatience son autorité, mépriseront
ses habitudes, ses idées, ses volontés.

Ces récréations et ces jeux de l'imagination
alternaient avec leurs études, d'abord sous la
direction du jésuite mexicain J. Torrès, ancien
maître de Monaldo, puis de dom Sébastien Sanchini, demeuré comme lui dans la famille, ainsi
que le pédagogue et secrétaire Vincenzo Diotallevi.
Jacques ne paraît pas avoir eu très haute opinion
de l'enseignement de ces maîtres, si nous en
jugeons par ce qu'il écrivait en 1826 au comte
Pepoli : « De maîtres, je n'en eus que pour les
premiers rudiments enseignés par les pédagogues
toujours restés dans la maison de mon père. » Il
donna de ces études, ainsi que ses frères, des
essais publics, en janvier 1808, sur des questions
de grammaire et de syntaxe italienne et latine; en
février 1809 sur des thèses latines de rhétorique,
et sur la géographie astronomique; en février 1810
sur des questions d'arithmétique, de géométrie et
d'histoire; sur d'autres thèses latines de rhétorique, sur les deux premiers livres des odes

d'Horace, traduites en italien, dans le mètre même de l'auteur, et en lisant ses propres compositions en prose et en vers[1].

Malgré la solennité académique de ces épreuves dont le comte Monaldo faisait chaque fois publier le programme, et malgré l'indéniable profit de ces enfants qui pouvaient, entre dix et douze ans, traduire en vers les odes d'Horace et traiter de tous les genres de versification[2], Jacques avait pour l'étude une telle ardeur et une telle intelligence que l'enseignement de son maître Sanchini lui semblait insuffisant. En 1821 il redisait encore à Giulio Perticari : « A l'âge de dix ans, aidé seulement de l'ignorance de ceux avec qui il m'a été donné de m'entretenir... je me vouai avec rage à l'étude[3]. » Et dans une lettre déjà citée au comte Pepoli, il dit également qu'il travailla *en dehors de ses maîtres à l'âge de dix ans*. Il entendait sans doute par travail, non ses exercices sco-

1. Cfr. C. Antona Traversi. *Essais des études des enfants Léopardi pendant les années 1808 et suivantes.* Rome, 1889.

2. Cfr. Cugnoni. *Œuvres inéd. de Giac. Léop*, vol. 1. Dans la bibliothèque Léopardi à Récanati, on a gardé plusieurs manuscrits des travaux d'enfance de Jacques, dont M. Cugnoni a donné la liste. Il y a, notamment, cinq chants sur la campagne, qui sont de 1809 ; quelques odes d'Horace (livres 1 et 2), traduites entre 1808 et 1809, c'est-à-dire à dix ou onze ans ; des compositions en latin, vers et prose, sur des sujets académiques et religieux, qui sont de 1810 ; un petit poème de 70 sixains, intitulé *Balaam* ; trois chants en vers libres : les *Nuits Puniques* ; une suite de poésies variées de mètre et de sujet, sur un sujet général : *Caton en Afrique.*

3. Cfr. Piergili. *Nouveaux documents sur la vie et les écrits de G. Léopardi.*

lastiques faits chaque jour sous la direction de Sanchini, mais ses lectures nombreuses, opiniâtres et méditées, qu'il entreprenait alors dans la bibliothèque paternelle. Il semble bien, en effet, qu'à moins de onze ans, l'enfant n'étudiait plus avec Sanchini que la philosophie, et il est certain que ce dernier avouait franchement ne plus savoir que lui enseigner [1].

Ici commence donc cette période d'études *folles* pour lesquelles il renonçait à tout plaisir, à toute distraction, allant jusqu'à oublier ses repas, et s'attardant dans l'obscurité, agenouillé sur le devant de sa table, pour profiter des dernières lueurs du jour [2].

Monaldo, homme de lettres, ayant la passion des livres et de la science, et voyant son enfant approfondir des études de philologie, apprendre le grec et l'hébreu, se plonger dans la lecture de livres de patristique, composer, comme délassement de l'esprit, vers ou prose sur un sujet académique ou religieux, Monaldo se réjouissait intérieurement de cette inclination qui pouvait amener Jacques à obtenir de hautes dignités dans l'Église. Pour perpétuer la famille et hériter du

1. Une chose non moins certaine cependant, c'est que le 20 juillet 1812, c'est-à-dire dans la quatorzième année de Jacques, l'enfant fit avec ses frères une de ces compositions académiques sur des sujets de philosophie, de chimie, de physique et d'histoire naturelle, qui dénotent dans le maître toute autre chose qu'une étroitesse d'études.

2. *Epist.*, 111, page 421.

patrimoine, il y avait Charles de bonne et solide santé, et certainement moins disposé que Jacques à l'isolement d'une vie d'études et de méditation. Jacques, lui, n'avait pas grand chemin à faire pour embrasser l'état ecclésiastique; déjà en 1810, dès sa douzième année, il avait été tonsuré, avait prononcé, à seize ans, son dernier panégyrique à l'église, et jusqu'à près de dix-huit ans, avait porté la soutane d'abbé [1].

En attendant, les parents ne voyaient pas que leur enfant, *en recherchant une érudition d'une si rare étendue* [2], détruisait sa santé et devenait chaque jour plus délicat et plus chétif [3].

---

1. Que Monaldo ait caressé le projet d'acheminer Jacques vers le sacerdoce, on le voit par ce que lui écrit son beau-frère Carlo Antici en juillet 1813 : « Je me réjouis avec vous, avec lui, avec l'Église, à laquelle il me paraît désormais destiné. »

2. Cfr. *Epist.*, I, page 71.

3. Comme l'a dit Léopardi lui-même. Et M. Avoli écrit à ce propos : « Pourquoi le malheureux Jacques devint-il chétif et délicat et non point grand et fort comme Charles, soumis comme lui pourtant au même règlement de vie, Dieu seul le sait. » Et voyant là un mystère, il trouve injuste d'en remettre la faute au père. Mais je crois la question mal présentée. Si Charles, d'un tempérament tout différent, et aimant infiniment moins l'étude, devint grand et fort, Jacques, né délicat et disposé au rachitisme, se tua par un excès de travail et de tourment d'esprit. Ses parents, comme le font généralement tous les parents, même sans une tendresse exagérée, devaient comprendre ce qu'il fallait faire pour modérer son indomptable soif de savoir, pour distraire son esprit trop disposé à méditer sur ses souffrances; ils devaient en un mot, puisque le poète par ce mystère connu de Dieu seul, comme dit M. Avoli, était condamné à vivre malheureux, ils devaient lui procurer quelque diversion pour tempérer du moins ce malheur fatal. Il nous semble qu'ils le pouvaient, et donc ils le devaient. Mais ni le comte Monaldo, ni la comtesse Adélaïde ne le fit. D'ailleurs

Cependant ce qu'ils ne paraissaient point voir,
eux tout proches, apparaissait visiblement à d'autres plus éloignés. Et c'est pourquoi le marquis
Antici, oncle de Jacques, insistait près de Monaldo
pour qu'il prît soin de la santé de l'enfant. Après
divers arguments puissants, il écrivait en 1819 :
« Parce que je sais et vois que son travail assidu
et approfondi n'est interrompu que pour assister
à quelque cérémonie religieuse, je me tourmente
à la pensée que vous avez un fils, et que j'ai un
neveu, fort d'esprit mais de corps faible et sans
résistance. » Et ce bon oncle joignait force exhortations pour obtenir que des distractions et des
plaisirs fussent procurés à Jacques. Mais le comte
Monaldo, bien que s'attribuant un cerveau de
vaste envergure, et malgré son affection paternelle, ne paraît pas s'être suffisamment ingénié
pour obtenir que son fils aîné devînt plus fort et
moins savant [1]. Quant à la mère, rien ne témoigne

Charles ne se plaignit pas moins que son frère tant qu'il fut assu-
jetti à ce genre de vie, la douce Pauline elle-même le supportait
avec impatience. Cfr. Piergili. *Lettere scritte a G. Leop. dai
suoi parenti*. Florence, Le Monnier, 1878 et d'Ancona, *La famiglia di G. Léop.* déjà citée.

1. Il disait bien que pour arracher Jacques à ses livres il
fallait lui parler sévèrement, et qu'il eût désiré son fils moins
savant *et plus à son père*. Ces mots et d'autres semblables que
l'on trouve épars dans les nombreux écrits léopardiens prouvent
que Monaldo était bon père. Ce que nous ne mettons pas en
doute. Il ne nous appartient pas de juger du cœur de Monaldo
qui, avec des défauts, souvent propres à son temps, n'était pas
un méchant homme. Nous ne voulons et ne devons établir que
ce fait, Monaldo ne fit rien pour alléger la souffrance de
son fils. Cela seul relève de notre sujet.

des inquiétudes qu'elle put avoir sur la santé dépérissante de son fils.

L'enfant passait donc sa vie dans la bibliothèque à étudier et à écrire. Le soir, un moment de délassement près de l'aïeule et de quelques membres de la famille, une récréation avec ses frères dans les vastes pièces du palais ancestral, une promenade dans la campagne environnante[1]; telles furent les distractions de cet enfant merveilleusement doué, précoce dans l'ardeur et les désirs infinis du jeune âge, non moins que dans la force d'intelligence et de pensée. On en a une preuve dans la versification en octaves qu'il fit, en 1811, de l'Art poétique d'Horace, et dans sa tragédie de Pompée en Égypte, qu'à treize ans à peine, il offrit à son père comme cadeau de Noël. Le comte Monaldo avait fait lui aussi des tragédies, et l'idée du travail de Jacques lui vint sans doute de l'exemple paternel. Si par la conception et la composition, autant que par la forme et la technique du vers, il est très défectueux, il doit cependant être signalé comme un témoignage d'études et d'aptitudes surprenantes chez un enfant de treize ans.

---

1. Au retour d'une de ces promenades, Jacques, Charles et Pauline firent à dom V. Diotallevi,

> Vermiglio, grosso e florido
> Pedante...

qui les accompagnait, un tour plaisant que Jacques et Charles mirent aussitôt en vers. C'était en 1811 : *La Dimenticanza*, dans les *Poesie minori di G. Léop.* Florence, Le Monnier, 1889.

Il en était encore aux exercices de rhétorique
avec son maître Sanchini, la plupart sur des
sujets d'histoire sainte et d'histoire ancienne, que
passant capricieusement d'une chose à une autre,
comme il arrive à tout esprit vif et inexpérimenté,
il s'essayait aujourd'hui à une tragédie, le lende-
main à une épigramme, puis travaillait une traduction, ou rassemblait des matériaux pour des
travaux d'érudition. Il put ainsi, en 1812, réunir
un grand nombre d'épigrammes qu'il accompagna
d'un discours préliminaire, et terminer en même
temps une volumineuse Histoire de l'Astronomie,
de son origine jusqu'en 1811. Travail enfantin, a
dit M. Cugnoni, encombré de citations diffuses ;
toutefois document remarquable de l'activité
laborieuse du jeune érudit qui seul, à quinze
ans, poursuivait *d'arides recherches de gram-
maires, de dictionnaires grecs et hébreux, et
autres études non moins fastidieuses, mais nécessaires*[1].

Monaldo, on le comprend, s'enorgueillissait
des progrès littéraires de son fils aîné[2]. Mais
bercé dans ses doux rêves de père, il ne prenait
pas garde aux sages et affectueux conseils du

1. (*Epist*, I page 59.) Les progrès de Jacques furent si
rapides en grec qu'ayant commencé à l'étudier en juin 1813,
il put en octobre de la même année écrire une lettre en grec
à son oncle Antici à Rome. (Cfr. Piergili, *Nuovi documenti*, etc.,
page 25.)

2. Son beau-frère Antici écrivait en 1813 : « Vous me dites
que votre incomparable Jacques étudie maintenant sans
maître la langue grecque... » Cfr. Avoli : *Autob.*

marquis Antici qui, en termes pour nous significatifs, ne se lassait pourtant de lui répéter : « Ne vous laissez pas séduire par le goût excessif de votre Jacques, de notre Jacques, pour l'étude. Secouez-le malgré lui ; ménagez sa santé, fortifiez-le par des exercices corporels. Ainsi, au lieu de le laisser sur ses livres dans les deux premières heures de la soirée, engagez-le à disserter dans les réunions de Gualandi... Envoyez-le sans retard à Rome... » A ces exhortations et autres semblables, Monaldo répondait que Jacques se sentait tant d'attrait pour le travail, qu'il ne goûtait rien en dehors de ses livres, et que pour l'en détacher il lui fallait prendre un *ton sévère*. Quant à l'envoyer à Rome, il s'en tirait en donnant de bonnes raisons, convenant toutefois que « une année à Rome lui procurerait ce qu'il ne pouvait trouver à Récanati, qu'il serait grand temps de l'y envoyer, mais qu'il ne pouvait se séparer de son *unique ami*, et ne se sentait pas disposé *à ce sacrifice*. » Unique ami, paraît un peu exagéré si l'on pense combien vite Jacques et Charles s'étaient déclarés contre les idées, le caractère, les habitudes de leur père, et combien ils se trouvèrent, bien qu'avec un filial respect, mais sans dissimulation, en opposition morale avec lui. Quant au *sacrifice* le marquis Antici, qui lisait sans doute entre les lignes certaines raisons que Monaldo n'alléguait pas, avait pris soin de lui faire entendre que : « la dépense pour Jacques se réduirait à son habillement et aux frais de quelques maîtres ou professeurs [1] ».

On voit que la nécessité morale, intellectuelle et physique du départ de Jacques s'était présentée depuis longtemps à la famille de Léopardi. Cependant il fallut presque dix années encore de souffrances fatales avant d'arriver à la résoudre. En attendant l'enfant continuait avec une ardeur fébrile ses études d'érudition, et il en donna vraiment d'admirables fruits en 1814. De cette année, en effet, on a de lui trois ou quatre ouvrages, dont chacun nous semblerait devoir exiger une intelligence plus que virile, et de longues années. Cependant, en six mois, il fit un travail sur Hesychius de Milet, et un autre sur Porphyre ; le premier en italien [2], le second traduit aussitôt en latin [3]. Puis en un mois environ, durant l'automne de cette même année, il fit en latin les *Commentaires sur la vie et les écrits des Rhéteurs qui vécurent au deuxième siècle après J.-C. ou vers la fin du premier siècle*, et où sont illustrées les vies et les œuvres de Dion Chrysostome, Aelius Aristide, Hermogène, Fronton, et certaines lettres

1. La vérité est que Monaldo ne voulait pas de ces obligations, et il le montra comme on le verra plus loin. Mais on ne peut lui en remettre toute la faute.

2. *Commentario della vita et degli scritti di Esichio Milesio: volgarizzamento delle sue opere :* « *Degli u omini illustri in dottrina; Delle cose patrie di Costantinopoli* » et *Osservazioni sulle medesime.* Cfr. Cugnoni.

3. Porphyre. *De Vita Plotini et ordine librorum eius. Commentarius graece et latine ex versione Marsili Ficini emendata.*

de Philostrate, de Théophylacte, de Sidoine Apollinaire, ainsi que le thème des *Deiprosophistae* [1], d'Athénée. Ce travail, écrit M. Cugnoni avec un chaleureux et juste éloge, « par l'étendue de l'érudition, la fine et judicieuse critique, la disposition ordonnée du sujet, la spontanéité naturelle du style, la clarté et l'élégance de diction, est tel, que l'écrivain le plus notoire et le plus qualifié, pourrait s'en enorgueillir. »

Le comte Monaldo aurait désiré répandre ses travaux, mais l'élévation des frais d'impression le retint. Pour se procurer un Mécène, le Pape peut-être, ou quelque cardinal, on reconnut qu'un travail de sujet religieux serait préférable à tout autre, et le jeune helléniste dont la carrière paraissait irrévocablement établie, et qui loin d'y répugner, semblait décidément incliner vers le sacerdoce, entreprit l'étude des Pères de l'Église [2]. En sorte que de novembre 1814 à juillet 1815, il vint à bout de deux autres importants travaux sur les Pères grecs du iie siècle, et sur les Écrivains grecs de l'Histoire ecclésiastique [3].

Occupé ainsi par ses études érudites, Léopardi entre 1813 et 1814 ne paraît pas être revenu souvent à la poésie, dont cependant il avait donné

1. Le banquet des Sophistes.

2. *Fragmenta patrum graecorum secundi, et veterum de illis eorumque scriptis testimonia collecta et illustrata.* (Cfr. Cugnoni o Moroncini.)

3. *Fragmenta graecorum veterum Ecclesiasticae historiae scriptorum collecta et illustrata.*

dans les années précédentes, des essais pleins de promesses. Un fait certain c'est que rien, ou presque rien, ne reste de la poésie léopardienne durant cette période où il accumula des trésors de science, mais où, malheureusement, il ruina entièrement sa santé. Bientôt viendra le moment où, empêché de se pencher sur ses livres par les maladies qui empoisonneront sa vie, il s'abandonnera à de tristes méditations et à de douloureuses rêveries. En attendant il se repaissait de science, recueillait une infinité de matériaux, concevait des projets de grands travaux, en conduisait d'autres à leur fin en peu de mois, par un prodigieux labeur. Son Essai *Sugli errori popolari degli antichi,* est des premiers mois de 1815. Il a une importance considérable dans l'histoire de la pensée et de l'œuvre littéraire de Léopardi, bien que le travail en soit de tous points imparfait, et par là même répudié par l'auteur. Mais il nous montre que cet enfant de dix-sept ans puisa à une double source des éléments pour sa propre pensée. L'une venait de sa foi encore très vive alors, et des Saintes Écritures dont il faisait à ce moment une étude très approfondie ; l'autre était un courant d'idées modernes dont s'imprégnait son esprit, par la lecture d'auteurs français, où lui-même avoue avoir beaucoup puisé [1]. De cette

1. Le 30 avril 1817 il écrivait à Giordani : « J'eus d'abord la tête remplie de maximes modernes... tous mes mauvais écrits originaux étaient des traductions du français. » (Cfr. Epist., I.)

double influence d'éléments peu homogènes, provient ce défaut de consistance et de cohérence dans le développement de l'ouvrage. Car, parti de l'idée de l'affranchissement de l'esprit de tout assujettissement à l'opinion, il arrive, non pas à la doctrine du libre examen dans toutes les conceptions de l'esprit humain comme dans tous phénomènes de la nature, mais à l'affirmation dogmatique de l'immanence et de l'excellence du catholicisme. Ainsi, par des raisonnements qui rappellent la manière des sophistes néo-platoniciens qu'il venait d'étudier, il présente certains principes répandus par la Révolution française pour la condamner, en même temps qu'il magnifie la révolution chrétienne. Mais le dogmatisme du jeune écrivain, et le zèle religieux qui d'un bout à l'autre de son œuvre lui dictent des mots animés d'une fervente piété [1], constituent pour ainsi

1. Dans les premières lignes de l'*Essai* on lit ceci : « Plus pénétrés de crainte qu'intérieurement portés vers cet Être qu'on ne peut connaître sans l'aimer, et on ne peut vivre sans le connaître, nos aïeux firent de cette connaissance qui satisfait si abondamment les cœurs raisonnables et sensibles, un objet d'exécration et de sacrilège. » Les dernières lignes sont celles-ci : « Religion très aimable ! Il est doux de pouvoir encore parler de toi, en finissant ce qui fut commencé pour le bien de ceux à qui chaque jour tu viens en aide. il est doux de pouvoir aussi conclure avec un esprit ferme et sûr, que celui qui ne te suit et ne te respecte n'est point philosophe, et que nul ne te suit et ne te respecte s'il n'est philosophe. J'ose même dire qu'il n'a pas de cœur, qu'il ne ressent pas ces douces émotions de l'amour tendre qui console et ravit, qu'il ne connaît pas l'extase où plonge une méditation suave et touchante, celui qui ne t'aime avec transport, et ne se sent en-

dire ce fond de pensées et de sentiments qui imprégnaient le milieu dans lequel il avait grandi et où nécessairement s'était formée sa conscience morale. Mais là n'est pas le côté vivant, le côté original et fécond de l'esprit de Jacques Léopardi qu'on remarque dans l'Essai. C'est une série d'observations qui, à première vue, paraissent bien curieuses sous la plume d'un orthodoxe ; ce sont des postulats et des maximes qui nous découvrent comme le germe des doctrines qui seront ensuite si éloquemment exposées dans ses *Operette morali*. Déjà se manifeste en lui un vague sentiment de l'éternelle lutte de l'erreur et de la vérité, une sorte de pressentiment de l'inutilité de l'effort de l'homme pour chercher à sortir de l'une pour acquérir l'autre. Et quand il montre cette fâcheuse disposition des masses à accueillir les préjugés, à les adopter, il annonce déjà le futur sceptique qui déclarera que le commun accord des hommes ne peut rien conclure en matière de philosophie et de religion. De même on peut pressentir l'amer railleur des *magnifiques et progressifs destins* de

traîné vers l'objet ineffable du culte que tu nous enseignes. En apparaissant dans les ténèbres de l'ignorance tu as dissipé l'erreur, tu as assuré à la raison et à la vérité une place qu'elles ne perdront jamais. Tu demeureras éternellement, et l'erreur ne subsistera jamais avec toi. Quand elle nous assaillera ; quand, en couvrant nos yeux de son noir bandeau, elle menacera de nous engloutir dans les sombres abîmes que l'ignorance ouvre à nos pieds, nous nous tournerons vers toi, et trouverons la vérité sous ton manteau. L'erreur fuira comme le loup de la montagne poursuivi par le berger, et ta main nous conduira vers le salut. »

l'humanité[1], et le subtil raisonneur sur le néant de l'effort où se consume l'esprit humain pour arriver à la vérité et au bonheur, dans ces mots à remarquer : « terrible exemple! car nous croirions presque que les erreurs sont périodiques comme les comètes, puisque lorsqu'on a cessé d'en parler, elles réapparaissent après un certain temps sous un aspect nouveau, et que les hommes, toujours curieux, toujours inquiets, toujours avides de découvertes, après avoir imaginé, adopté, et successivement rejeté des opinions et des systèmes, en reviennent à admettre ce qu'ils avaient rejeté, et à suivre les traces indiquées par leurs aînés. Cette réflexion nous amènerait à penser que l'esprit humain ne parcourt pas une ligne droite de connaissances, indéfiniment allongée, mais un cercle restreint, et qu'il revient forcément de temps à autre au même point. Les observations que certains esprits peu clairs ont faites sur l'ancienneté admise de bon nombre de découvertes, oubliées ensuite, et maintenant crues nouvelles, pourraient appuyer cette déduction qui sérieusement examinée nous ferait considérer l'idée des progrès constants de l'esprit humain comme illusoire, mettrait dans toute sa lumière cette parole si souvent répétée du plus sage des Rois : *Nihil sub sole novum* (Ecclesiaste), nous ferait regarder comme impossible un

---

1. Voir la *Ginestra*. (Cfr. G. L.)

accroissement réel de la somme des connaissances, et réduirait les philosophes au désespoir[1]. »

En dehors de ces concepts, et ils sont la racine d'où sortira toute la philosophie léopardienne, il n'y a dans l'Essai d'autre point digne de considération aujourd'hui. La vaste érudition et les très nombreuses citations qui s'y mêlent ne donnent point à l'œuvre une véritable unité. L'auteur s'en aperçut, puisque deux ans après l'avoir écrite il en parlait à Giordani comme de *matériaux assemblés, préparés et classés en vue d'un traité*, dont il n'écrivit que le commencement et qu'il laissa ensuite pour un temps meilleur. L'art de la prose est loin d'y révéler cette perfection à laquelle parviendra bientôt le poète dans ses lettres à Giordani et dans ses *Operette morali ;* et certainement il pensait encore à cet ouvrage lorsque deux ans plus tard, écrivant à Giordani, il avouait avoir *dédaigné d'abord, méprisé même, l'étude de notre langue.*

De même que la pensée de Léopardi apparaît dans l'Essai comme enveloppée d'une religiosité qui s'était insinuée en lui par les habitudes familiales, de même dans son Discours aux Italiens, écrit peu après, se manifestent les idées politiques qui lui venaient de la même source. La proclamation de Rimini et la tentative de Murat avaient inspiré à Manzoni un chant patriotique qu'il

____

1. *Saggio sugli errori popolari degli antichi.*

n'acheva point, l'entreprise ayant échoué. Un même sujet inspire le Discours de Léopardi, et l'on entend dans ses imprécations contre la révolution et contre l'aspiration à un nouvel ordre de choses, dans son rêve du *statu quo*, un écho très fidèle des idées qui dominaient à Récanati et dans la famille du comte Monaldo.

Cette même année Léopardi fit un autre travail considérable sur la vie et l'œuvre de Julius Africain, avec la version latine de divers opuscules et des Cestes [1].

Dans la suite, Léopardi, difficilement satisfait, reconnut tous les défauts de son travail. Mais c'est pour nous chose surprenante de voir qu'à peine âgé de plus de quinze ans, il put en quelques mois accomplir une œuvre si considérable et si difficile, sur laquelle s'était exercé avec de moins bons résultats le labeur de graves érudits.

Ces recherches sur Julius l'Africain, et la version latine de son œuvre, sont toutefois le dernier grand travail d'érudition morte qu'ait laissé Léopardi. Avec l'âge son mépris pour tout ce qui l'entourait s'accrut plus encore, à en juger par l'amertume de ses aveux dans ses lettres et dans

---

1. Le manuscrit, inédit, se trouve à la Bibliothèque nationale de Florence. En écrivant à M. de Sinner en 1832 à propos de ce travail, Léopardi l'appelle un *travail de jeunesse, fait en l'espace de six mois à l'âge de dix-sept ans, aussitôt après l'Essai, qui fut l'œuvre de deux mois.* (Cfr. Epistol. II, 479.) Les Cestes, sorte d'encyclopédie des phénomènes de la nature. Il n'est resté de ce vaste ouvrage disparu, que des fragments réunis en deux livres. Léopardi les traduisit et les commenta.

ses poésies. Jusqu'au milieu de 1815, il reste plongé dans des études de pure investigation, s'oubliant lui-même dans l'ardeur du travail, et s'isolant du monde présent pour vivre en d'autres temps, pour lire et écrire d'autres langues que la sienne. Mais un esprit aussi impressionnable et aussi délicat, une intelligence aussi étendue et aussi ouverte, ne pouvaient demeurer indéfiniment comme hors de la vie, dans une atmosphère artificielle de pensées et de formes, et encore moins rester indifférents à la voix de la nature, aux séductions de la jeunesse. Vers la fin de 1815 un changement profond s'opéra donc dans l'esprit du jeune Léopardi, et un retour à l'usage et à la culture de la langue nationale et à la poésie, en fut le premier indice. Toutefois il ne s'y adonna point avec la liberté et la confiance de celui qui se sent vraiment poète ; il était encore trop lié à ce monde antique d'où la lumière lui parvenait faible et pâle à travers une science vieillie, jusqu'alors l'unique aliment de son esprit. Le mouvement qui l'eût poussé naturellement à s'égarer dans le champ libre et fleuri de l'imagination et du sentiment, était comme comprimé, étouffé en lui, par les conditions extérieures de sa vie. Les goûts littéraires de son père, une incessante application à de subtils travaux de philologie sur des auteurs entièrement dénués de qualités artistiques et de chaleur de sentiment, l'air de monotonie et d'austérité qui pesait lourdement sur toute la maison,

durent certainement contribuer à renfermer cet
esprit qui possédait cependant tant de puissance
innée, et à en retarder les manifestations origi-
nales et spontanées. Et ce genre de vie, d'habitudes et d'études, empêcha un certain temps
Léopardi de se connaître lui-même. Quand il se
découvrit, ce fut alors un cri d'amour et de douleur, un désir, un besoin de poésie; ce fut aussi
la lutte fatale qui commença entre les rêves ra-
dieux de l'imagination et la réalité des choses,
entre le fils et le père, entre l'esprit qui montrait
sa vigueur et le corps qui perdait toutes forces.

Dans la seconde moitié de 1815, on voit un
premier signe de cette transformation de l'esprit
de Léopardi. Changeant l'objet de ses études, il
commence par délaisser ses arides recherches et
se tourne vers la littérature d'art. Ses travaux sur
Moschus et la Batrachomyomachie[1], et les ver-
sions qu'il en donne en sont un témoignage. On
sent encore la tendance du philologue qui trouve
dans les écrits moins parfaits et moins naturels,
un champ plus vaste pour exercer les finesses de
sa critique. Dans cette préférence donnée aux
Idylles de Moschus, on sent aussi son esprit toujours lié à la tradition de la famille pour qui le
maniérisme et le convenu un peu froid de la
poésie pastorale, devaient paraître un art plus
imitable et plus inoffensif que la grandiloquence

---

1. Combat des rats et des grenouilles. Poème burlesque
attribué à Homère.

épique, le drame passionné, ou le lyrisme ardent de la poésie patriotique ou amoureuse. Pendant deux siècles, cet art fut généralement celui des abbés et des seigneurs, et en 1815 la famille Léopardi était en retard d'au moins un demi-siècle.

La traduction de la Batrachomyomachie n'est pas réussie et ne vaut pas le discours critique qui la précède. La version de Moschus a plus de clarté, d'aisance et d'harmonie ; par le style et la versification elle marque un progrès considérable dans la technique de la poésie léopardienne encore dans l'enfance. Son commentaire sur Moschus, de même que celui du poème attribué à Homère, se remarque par l'allure hardie de la période et par sa correction. S'il est loin encore de la parfaite netteté de la prose artistique de Léopardi, il est cependant de beaucoup meilleur que son *Essai*, et l'érudition s'y révèle plus habilement et plus discrètement.

Cette évolution de Jacques vers la littérature d'art coïncide avec la nouvelle tendance de son goût et de ses études. Nous avons vu qu'il n'aimait que les auteurs français modernes, qu'il méprisait notre langue, méprisait nos anciens classiques dont il ne cultivait la langue qu'en vue d'une vaste érudition. Comprenant maintenant qu'il a fait fausse route, il *commence à réfléchir sérieusement sur la littérature* et voit la nécessité de maintenir la *propriété des pensées et de leur expression* [1]. Il se propose donc de traduire des auteurs classiques dans une intention purement artistique, et nécessairement des poètes chez qui le sentiment de l'art est plus pur et plus communicatif. C'est à cette période de ses études qu'il devait faire allusion lorsqu'il écrivait à Giordani en avril 1817 : Dès que je connus le beau, les poètes seuls me donnèrent un désir extrême et ardent de traduire et de faire mien ce que je lisais. Alors il aima les Grecs de l'âge d'or, précisément pour cette qualité de naturel qui leur est propre, et pour certain rapport qu'il avait aperçu entre la structure de la période grecque et de la période italienne. Lorsque son ardeur des recherches savantes poursuivies avec assiduité sur les auteurs grecs et latins de la décadence, se fut calmée, l'œuvre intellectuelle de Léopardi prit une voie nouvelle. Il chercha dans ses lectures la noblesse et la beauté des idées, la grâce et la fermeté du style, la pureté de la langue, plutôt que la singularité des faits; il goûta Dante, Virgile, Homère, d'abord *dédaignés*. Puis il se souvint que Giordani lui avait été signalé comme le premier écrivain de l'Italie, et il en apprécia assez certains écrits, pour en tirer *la force et la stabilité dans sa conversion littéraire qui ne faisait que commencer.* Ce fut donc par un retour à l'étude et à l'imitation des classiques que se mûrit la conversion

1. Cfr. *Epist.*, 1, page 60.

3

littéraire de Léopardi dans la seconde moitié de 1815[1].

Mais les études laborieuses auxquelles il s'était adonné sans relâche, en passant de longues heures péniblement courbé sur de gros livres, en même temps un développement précoce, avaient altéré la santé et déformé le corps chétif de l'héroïque enfant[2]. Une double gibbosité, une ophtalmie, des troubles gastriques et nerveux, un engourdissement des membres l'accablèrent de douleurs physiques et morales ; et comme il ne trouvait pas dans sa famille les soins qu'eût exigé sa triste situation, il se réfugiait dans l'étude, qui était précisément l'une des causes de cet état[3]. Ainsi occupé de ses nouveaux travaux et de ses infirmités croissantes, en même temps effrayé de se voir réduit à cet état de prostration et de difformité, lui qui devait si ardemment aspirer à la beauté et à l'amour[4], il manifeste un sombre pressentiment

1. *Conversion littéraire* de *G. L.* (Nouvelle Anthologie, année 1880.) Cfr. G. Mestica. Le 30 mai 1817 il écrivait à Giordani : « Voici un an et demi que sans m'en apercevoir je me suis voué aux Belles Lettres, que je négligeais d'abord. » (Cfr. *Epist.*, I, page 71.)

2. « Aussi bien portant et aussi droit que moi — me disait Charles Léopardi en septembre 1876, — il fut la cause de sa difformité par les études fatigantes et excessives qu'il fit pendant trop d'années, et par le maniement de ces gros livres qui sont encore là dans la bibliothèque, et sur lesquels il restait courbé. » Cfr. G. Mestica.

3. Ses parents, voyant qu'il était irrémédiablement bossu, revenaient à leur première idée de faire de lui un prêtre. (Cfr. Mestica.)

4. (Cfr. *Epist.*, I, page 127.) « En un mot je me suis perdu par

de la mort dans un chant qui par une imitation visible de Dante, de Pétrarque, et de Varano, indique la nouvelle orientation littéraire de son auteur.

Cet *Appressamento della morte*[1] est une sorte de vision en cinq chants courts et en tercets. Il est de la fin de 1815 ou du commencement de 1816. Le 39ᵉ fragment, qui se trouve dans les éditions courantes des chants léopardiens, est le prélude un peu modifié de cette vision. Comme dans la Comédie dantesque, elle commence par la description d'une lande où le poète égaré est surpris par une tempête. Le ciel reprend ensuite sa sérénité, et une vive lumière éblouit le poète qui voit paraître l'ange protecteur. Guidé par lui dans un lieu imprécis, il aperçoit des âmes groupées, celles d'amants autrefois célèbres (Pâris, Samson, Henri VIII, etc.), d'hommes cupides, et de philosophes ; à la suite un géant qui représente *l'Erreur*, une femme, symbole de la Guerre ; un monstre,

sept ans de travail fou, insensé, au moment où mon tempérament en formation devait être fortifié. Et malheureusement je me suis perdu sans remède et pour toute la vie, en donnant un aspect misérable et méprisable à ce côté de l'homme, si important qu'il est même le seul considéré par la plupart des hommes, lorsqu'il leur faut converser en ce monde. Et ce n'est pas seulement la plupart mais tous doivent désirer que le génie ne soit pas sans quelque charme extérieur, car s'il en est totalement dépourvu, un instinct naturel que rien ne peut vaincre, fait qu'on n'a pas le courage d'aimer ce génie en qui rien n'est beau, hormis l'esprit. »

1. Découvert en 1862, publié et 1880 par M. Zanino Volta. (Milan.)

symbole de la *Tyrannie*, escorté de ses partisans :
Tibère, Periandre, César ; puis le char de *l'Oubli*
attelé de tortues ; enfin on découvre le Paradis où
se trouvent le grand Alighieri et le Tasse. Une
nouvelle tempête survient, une violente secousse
ébranle la terre.

> E tra una luce in mezzo firmamento
> Apparve Cristo e avea la Madre al fianco.

Et l'ange y trouve lieu de prédire au poète sa
fin prochaine :

> Presso è 'l di che morrai.

Ici, dit le poète, *tout disparaît*. Et les 39 tercets
du dernier chant sont faits pour montrer combien
sa pensée est absorbée par ce triste pressentiment.

> Poco andare ha mio corpo ad esser morto,

dit-il, et il se lamente sur ses souffrances :

> E in mirar questo misero compagno
> Cui mancò tempo si ch' appien non crebbe,
> Dico misero nacqui, e ben mi lagno[1].

il regrette les rêves brillants de gloire qui, au
milieu de ses désirs et de ses espérances, char-
maient ses jeunes années ; et il se désespère parce
qu'il doit mourir avant d'avoir vécu.

> Né saprà 'l mondo che nel mondo io m'era.

---

1. Et en voyant ce corps misérable qui n'eut pas le temps
de croître, je gémis sur le malheur d'être né.

Il s'adresse à Dieu,

> O Padre, o Re supremo,
> O Creatore, o Servatore, o Santo,
> Tutto son tuo...

et à la Vierge divine, en implorant son secours dans *l'orrendo passo*.

Quand on connaît la puissance du génie poétique de Léopardi, et la valeur déjà grande des vers qu'il composa peu de temps après ce chant, on est surpris d'avoir à constater qu'une chose si médiocre est le premier fruit de la poésie léopardienne. En exceptant quelques vers et quelques images, où se manifestent très vite l'inspiration de Dante et des rappels de Varano et de Monti, on n'y voit aucun véritable souffle poétique, ni aucun indice de la manière de concevoir, de représenter, de versifier, du futur Léopardi[1]. La raison, croyons-nous, est que le poète ne se connaît pas encore lui-même, et qu'il ne peut nécessairement se révéler dans ses vers ce qu'il est. On trouve bien, çà et là, certains sentiments particuliers qui formeront pour ainsi dire le fond de sa conscience morale et poétique, mais cette

---

1. Ce qui plaît dans ce chant, ce sont les descriptions et les similitudes. Certaines font effet. Mais on y sent la manière de Dante et de ses imitateurs, et elles n'ont pas les qualités de style descriptif, ni la vie que Léopardi, quelques années plus tard, donnera à ses tableaux. (Chiarini, *Ombres et figures*. Rome 1883.

conscience il ne l'a pas encore, par conséquent il n'est point encore le véritable Léopardi. On sent, timidement exprimée, la souffrance de ses imperfections physiques; on perçoit, exprimée plus nettement, son idée du malheur de l'existence, de l'inanité de l'espérance; et on sent frémir *son immense, son immodéré, même son insolent désir de gloire.* Toutefois ces éléments sont comme séparés, comme détachés de l'esprit du jeune poète; ils ne sont pas condensés, fondus en un tout, ordonnés dans une même unité morale. Il en est de même de la forme. Ayant emprunté ce procédé de la vision sacrée, ce moyen de l'allégorie et de la personnification, son idée poétique se trouve retenue et comme entravée par le convenu d'un art trompeur, dont l'éloignaient entièrement ses aptitudes naturelles, et les conditions des temps nouveaux.

Bien que Léopardi, dans ce chant, ne paraisse avoir trouvé encore ni sa pensée, ni sa forme, il a cependant son importance, en ce qu'il témoigne des sentiments du poète à un moment où l'on manque d'autres documents à cet égard. Remarquons d'abord que le sentiment religieux, la foi catholique, tout en étant exprimée avec plus d'abondance que de sincérité, et plus d'emphase que de chaleur, lui reste encore. Ce n'est plus qu'une enveloppe sans consistance, et on comprend qu'il est tout près de s'en défaire, mais à ce moment il y est toujours lié, extérieurement du moins. Remarquons ensuite combien la manifestation de son désir de la gloire est vive et chaude dans ce chant; remarquons enfin l'aveu douloureux de ses infirmités physiques et de ses souffrances, et la conscience pleine et entière qu'il a désormais de son malheur sans fin. A cette période doit se rattacher le plan de ses Hymnes chrétiennes dont il ébaucha quelques lignes et qu'il ne termina jamais ensuite. Sainte-Beuve crut à tort que le poète en écrivit le thème après 1819, c'est-à-dire quand sa foi s'était éteinte. Tandis qu'il est de toute évidence qu'elles appartiennent au temps où il avait encore une certaine ferveur religieuse, bien que déjà la pensée de la vanité des choses et de l'universelle souffrance ait traversé son esprit.

Mais ces sentiments du poète, son goût renaissant de la poésie, et la culture d'une bonne littérature, ne purent l'éloigner complètement des études érudites si longtemps son unique aliment. Aussi, lorsque parurent en 1815, les œuvres de Fronton découvertes par le cardinal Mai, Jacques qui l'année précédente avait déjà inséré dans son ouvrage en latin sur les rhéteurs, un commentaire de cet auteur, s'y remit avec un zèle nouveau, et en deux mois fit une *traduction et un commentaire sur sa vie et ses œuvres*. Puis il devint un rival heureux du célèbre archéologue Ennio Quirinio Visconti dans la traduction des *Inscriptions grecques triopiennes* qu'il regardait comme des *œuvres classiques d'une pure saveur attique*, et comme des *reliques de la vraie et pure poésie grecque* [1].

Cependant le jeune écrivain, grandement désireux de renommée, pensa qu'il arriverait plus facilement à faire accepter par les éditeurs et par le public un travail sur les œuvres principales de la littérature que sur des œuvres secondaires. Or, à ce moment, la traduction de l'Odyssée commencée par Pindemonte n'étant pas terminée, il se mit à l'œuvre, fit en deux mois la version du premier chant, l'envoya le 26 mai au libraire Stella pour le *Spettatore*, périodique qu'il publiait; et le n° du 30 juin suivant donnait à l'Italie le premier travail imprimé de Giacomo Léopardi.

Le renom de sa science et de son génie s'étendait déjà en Italie [2]. Néanmoins cet essai de traduction d'Homère n'entraîna point l'applaudissement auquel l'auteur s'attendait sans doute. L'exactitude ne rachète ni la pauvreté d'un style incolore et mou, ni l'allure boiteuse et malaisée du vers; et la façon quelque peu prétentieuse qu'il mit à présenter son travail dans un court avant-propos, ne contribua certainement pas à

1. Cfr. G. Leop. *Poésie minori.*
2. Son père et sa famille l'avaient fait connaître à Rome à de doctes abbés qui devaient s'étonner de l'assurance avec laquelle ce jeune homme de 17 ans parlait de science, de textes, de manuscrits, etc. (Voir la lettre à l'abbé Cancellieri du 6 avril 1816. *Épist.*, I.)

attirer au traducteur la sympathie du public. *S'être mis aux genoux de tous les lettrés de l'Italie, en les suppliant de lui communiquer leur avis*, ne lui servit à rien, cet essai ne rencontra ni faveur, ni encouragement. Quelques-uns sourirent de son étrange et excessive modestie, peu sincère sans doute, les autres s'arrêtèrent à ce fameux hémistiche :

> ... Figlia, quai detti uscirti
> Dalla chiostra dei denti [1].

Et Léopardi, au lieu des éloges attendus, n'obtint donc que des railleries.

Mais il ne se découragea pas. S'il n'avait pas réussi avec Homère, pourquoi ne pas tenter la chance avec Virgile ? Il acheva d'écrire quelques notices historiques et géographiques sur la ville et l'église de Damiette (imprimés à Lorette la même année) et se donna entièrement à l'Énéide, traduisit le 2ᵉ livre, l'envoya le 4 octobre à Stella qui le publia l'année suivante à Milan en un opuscule séparé.

Averti par le peu de succès de son essai de version de l'Odyssée, Léopardi chercha à en éviter les défauts. Et quand on compare la préface du premier essai à celle du second, il est aisé de voir combien, dans le court intervalle, le jeune érudit avait progressé dans l'étude des écrivains du

1. ... ces paroles qui sortirent de ta bouche.

trecento et du *cinquecento* [1], quelle connaissance et quelle pratique de leur style et de leur langue il avait acquis. Dans la première les phrases sont courtes, détachées, à la manière française, les expressions sans élégance. Dans la seconde la période a une majesté classique, et se développe large, avec une abondance d'expressions recherchées des cinqcentistes. Comme valeur artistique, et comparativement à la vraie prose léopardienne des *Operette morali*, celle du poème, au 2° livre de l'Énéide, n'est pas moins défectueuse que celle du premier poème, mais par des défauts opposés. Il affecte ici le grand style du *cinquecento*, mais on y sent l'effort, la recherche, l'imitation; on sent dans les transitions et les liaisons, dans le tour de phrase, et dans tout l'agencement, le travail patient du mosaïste. Le jeune récanatais cherche à se draper dans la vieille toge classique, mais il voit très vite que la forme ne lui est point naturelle. Ce n'est pas moins pour nous un document précieux, comme indication de la voie littéraire suivie par Léopardi, et de sa *conversion* progressive. Quant à la traduction, elle n'est guère supérieure à la première. Léopardi comprit Virgile, mais il ne sut pas en exprimer l'âme. Si par le style elle vaut un peu mieux que sa version de l'Odyssée, et si le vers a plus de majesté, elle est cependant très loin de la grâce

1. XIV° et XVI° siècles.

et de la clarté du style et du vers d'Annibal Caro.

Cette seconde tentative n'eut donc pas de résultat meilleur que la première, et Léopardi comprit qu'il n'était point encore dans sa voie. En attendant il continue activement ses travaux de philologie, et avant la fin de l'année 1816, plusieurs ouvrages viennent témoigner des multiples ressources de son intelligence, et des voies diverses où il s'engageait sans être encore parvenu à se trouver lui-même. Sans parler de son étude critique sur le *Psautier*, versifié par le comte Gazola d'après la version de l'abbé Venturi, où le jeune philologue montre une connaissance approfondie de l'hébreu, et donne une preuve de son goût nouveau d'une langue pure, en relevant de nombreuses erreurs de Venturi, nous signalerons son *Discours sur la renommée d'Horace chez les Anciens* [1], l'un des premiers écrits de Jacques qui ait cette distinction de langue, et présente cette forme de style. Toutefois le sujet n'est pas traité avec beaucoup d'ampleur, les arguments allégués y étant plutôt rares et faibles.

Léopardi inclinait donc à la poésie, même dans ses travaux d'érudition. Il traduisait le *Moretum* [2] (sorte de mets), poème que l'on crut d'abord de Virgile et qu'on attribua ensuite à Septime Serenus qui vivait au temps des Vespasiens. Il traduisit

1. Inséré dans le *Spettatore* du 15 décembre 1816.
2. Imprimé pour la première fois dans le *Spettatore Italiano*, en 1817.

aussi, en l'ornant d'une préface, la *Titanomachie*
d'Hésiode qui n'est qu'un fragment de la Théo-
gonie du poète grec ; et il regrette que ce poète ait
été trop négligé des Italiens, sans doute parce qu'il
manquait d'une bonne traduction [1]. Mais le travail
le plus à remarquer de cette période est un *Hymne
à Neptune* qu'il présenta comme l'ayant traduit du
grec d'un poète très ancien ; et voici ce qu'il ima-
gina : Un de ses amis, trouvant dans une bibliothèque de Rome un vieux recueil contenant cet
hymne et deux odes dans le texte grec, l'aurait
prié, pendant que lui-même en préparerait la traduction et l'illustration en latin, d'en publier la
version en italien. Et Jacques réussit si bien que
chacun s'y trompa et crut qu'il s'agissait véritablement d'un Hymne antique. On loua beaucoup ses
annotations que l'on prenait pour des commentaires du texte, tandis qu'elles en étaient les vraies
et propres sources.

En mai 1817 Giordani lui écrivait des choses
très flatteuses sur ces *notes fort érudites*, et d'une
*si remarquable érudition que je ne vis et ne lus
jamais rien de semblable d'aucune personne de votre
âge.* Jacques, heureux de la louange, répondit le
30 mai, expliquant longuement comment lui vint
l'idée de cette docte plaisanterie, et lui demandant,
anxieux, ce qu'en pourraient penser les lettrés :
« J'aimerais à savoir ce que vous pensez de

1. La date où il parut dans le *Spettatore* est 1817. *Poesie
minori di Giac. Leop.*

l'Hymne et des Odes, et ce qu'en pensent les autres ; car parmi tous mes malheurs, j'ai celui de ne jamais savoir ce qu'on dit sur ce que je publie. » En juillet il lui écrit de nouveau, non sans une juste complaisance : « L'Hymne à Neptune a fait fortune à Rome, où il devait le moins réussir. On voulait à toute force y découvrir ce chambellan que la peur poussa à se réfugier et à s'enfermer chez moi, de manière que nous ne faisons qu'un. Et comme là-dessus il n'est pas donné à tout le monde de savoir lire, on croit que la Vaticane m'a procuré cet hymne ; (quand je me suis évertué à dire que c'était une petite bibliothèque ayant très peu de manuscrits,) et le préposé à la garde de cette bibliothèque jure qu'il découvrira celui qui l'a soustrait à son insu. »

Ainsi Léopardi, qui n'avait pu faire agréer ses deux essais de version de l'Odyssée et de l'Enéide, faisait maintenant accepter comme la traduction réelle d'un hymne grec authentique, ce qui n'était qu'une invention de son génie. Il ne pouvait, lui, si blessé du silence des savants sur ses premières œuvres, désirer plus belle et plus éclatante vengeance. La vérité, c'est qu'entre ces essais de version et cet Hymne à Neptune, plusieurs mois s'étaient écoulés, pendant lesquels il se donna entièrement *aux belles lettres dont il ne se souciait point d'abord;* et comme l'a bien dit Mestica, pour Léopardi *les jours valaient des semaines et des mois, et les mois des années.*

Nous entendons par *belles lettres* la littérature dans ses manifestations les plus parfaites de ses plus grands écrivains ; cependant ne croyons pas qu'il ait entièrement abandonné les études érudites. Aussitôt que le cardinal Mai eut publié les *Antiquités romaines* de Denys d'Halicarnasse, dont il venait de faire la découverte, Léopardi en entreprit la traduction qui se trouva achevée en deux mois, de la mi-novembre 1816 à la mi-janvier de l'année suivante. Un dernier fruit remarquable de ce travail de préparation et de rénovation de la pensée, outre quelques autres travaux érudits, sont des *sonnets sur certain ser Pecora, beccaio florentin*[1]. Le poète explique lui-même la raison et les circonstances qui les lui inspirèrent. « Ces sonnets, dit-il, faits à la ressemblance des *Matassins* de Caro, sont dus à cette circonstance qu'un méchant auteur, mort il y a quelques années seulement, publia à Rome un écrit où répondant à des critiques parues dans un journal sur un de ses livres, il employait des termes offensants contre de très honorables lettrés italiens encore vivants. Comme dans les Matassins de Caro, où sous l'allégorie du hibou et du Château-de-verre, se reconnaît *Castelvetro*, de même dans ces sonnets, se reconnaît le dit écrivain sous l'allégorie du *Manzo* (le bœuf). Le nom de *beccaio* (boucher) est tiré de la Chronique de Dino Compagni, où il est parlé d'un

1. Ils sont des premiers mois 1817. Léopardi les envoya à Stella le 12 mai de la même année. (Cf. *Epist.*, I.)

beccaio de ce temps surnommé Pecora[1] (brebis). »

Ces sonnets sont donc un jeu de l'esprit, sans grande valeur en tant qu'œuvre d'art, mais ils méritent considération comme document des études de langue que faisait alors Léopardi en mûrissant sa conversion littéraire. Nous avons vu qu'elle commença à la fin de 1815, et s'accomplit définitivement dans les deux années suivantes. En lisant les premières lettres de Léopardi à Giordani, on a la révélation de tous les stades et modes de cette conversion, en même temps que des idées que le jeune écrivain s'était formées sur la littérature, sur ses fins, sur ses besoins. Déjà en mars 1817, il avait déterminé les vues de ses études lorsqu'il écrivait : « Après la lecture des journaux et autres écrits modernes (je ne lis pas les autres, prévenu de leur nullité par le silence de la renommée), et que dégoûté, découragé par leur médiocrité, je serais tenté de croire que les lettres ne donnent plus rien de beau, je ne puis vous dire avec quel besoin je me tourne vers les classiques disparus et vers les vivants tels que vous et vos illustres amis. Avec eux je me console et me réconforte en voyant que la vraie littérature est vivante encore ». Le 30 avril il disait : « Que la propriété de l'idée et de

---

1. Ces sonnets sont une invective voilée contre le bibliothécaire de la Barbérienne de Rome, P. Manzi, qui avait riposté impertinemment à certaines critiques du Giordani. (G. L. *Poesie minori*, page 169.)

l'expression soit justement la chose qui distingue
l'écrivain classique de l'écrivain quelconque, et
qu'elle soit d'autant plus difficile à garder dans
l'expression que la langue est plus riche, est
une vérité si évidente, qu'elle fut la première
dont je m'aperçus quand je commençai à réfléchir sérieusement sur la littérature. Après quoi
je vis facilement que le moyen le plus prompt
et le plus sûr d'obtenir cette propriété, était de
transporter d'une langue dans une autre les bons
écrivains. »

Et le 30 mai, à propos de la langue : « Ce que
vous me dites des florentins et toscans, je le
savais très bien, et je le savais, non seulement
par leurs écrits, mais par d'autres choses encore. Mais je me croyais instruit par des igno-
rants, ou plutôt je croyais que, par eux, je me
rendais familière cette multitude de formes populaires, très souvent d'un excellent effet dans
les écrits, et cette propriété, cette vigueur, que
le peuple, instinctivement, garde de façon si
remarquable dans l'expression. Et je pensais à
Platon disant que le peuple qui fut pour Alcibiade,
devait être maître en beau langage; et à la jeune
athénienne qui reconnut à son parler que Théophraste était étranger; et à Varchi qui déclarait
qu'en son temps, pour apprendre la langue florentine, il fallait parfois se mêler à la populace de
Florence. »

Cette opinion du poète n'est que l'affirmation

de ce qu'il avait écrit dans sa lettre du 30 avril.
C'est-à-dire que pour perfectionner sa prose (il
parle de traduction, ce qui est tout un), il lui
paraît très nécessaire *de séjourner dans un pays
où se parle la bonne langue, une année ou deux à
Florence* [1].

Pendant que Léopardi avançait en cette étude,
et s'entretenait de cette idée, quelle était son
existence? A cet égard 1816 nous reste assez
obscur. Nous savons cependant que son éditeur
A. F. Stella, de passage en août 1816 à Récanati
où il avait vu Léopardi [2], rapporta des nouvelles
peu satisfaisantes de l'état de santé de Jacques.
Et dans les premières lettres que celui-ci et Giordani échangèrent, il y a plus d'une allusion à la
faiblesse de ses yeux, de son estomac, à son repos
forcé, à la tristesse qui s'ensuivait. Choses qui,
bien qu'écrites dans les premiers mois de 1817,
doivent se rapporter aussi à l'année précédente.
La correspondance léopardienne en 1816 se réduit
à quelques lettres sans grande importance pour
l'histoire intime du poète. La plupart sont

1. Pour plus de détails concernant les idées littéraires nouvelles de Léopardi, voir la *Conversion littéraire de Léopardi*.
Mestica.

2. En remerciant le comte Monaldo de son accueil courtois,
Stella écrit : « Qui pourrait, les ayant vus une fois, oublier
jamais des parents si sages et si aimants? » (*Lettre inédite*.)
Ces paroles auraient grande valeur si elles étaient écrites à
d'autres personnes qu'à celles à qui on parle. De plus Stella
était un commerçant qui écrivait à un bon client. Le compli-
ment ne peut donc avoir grande force de document.

adressées à Stella avec lequel il négociait pour la publication de divers écrits dans le *Spettatore* ou en opuscules séparés [1].

1. Le comte Monaldo se prêtait aux études de ses enfants, et faisait à Stella, pour eux et pour lui-même, de fréquentes et importantes commandes de livres. Désireux d'augmenter sa bibliothèque, et aimant lui-même l'étude, il donnait en cela plus largement satisfaction aux désirs de ses enfants, qu'en toute autre chose. Il était même disposé à quelque dépense, pour aider à l'impression des travaux de Jacques, satisfaisant ainsi sa légitime ambition, en même temps que son petit orgueil d'heureux père. On a voulu lui compter comme un mérite et comme une preuve de sa sollicitude pour ses enfants, son offre à Stella de lui céder en payement, certains ouvrages imprimés au xve siècle. Mais il est bon d'observer qu'il ne faisait pas de nouvelles acquisitions de livres uniquement pour satisfaire au désir de ses enfants. Autant que pour eux il en achetait pour ses propres études et son propre plaisir, pour l'agrandissement de sa bibliothèque, *ornement de la famille.* (Cf. *Autob.*) Aussi ce *très douloureux sacrifice de se dépouiller de plusieurs ouvrages du quattrocento ou d'incunables, pour payer ses dettes à Stella,* se réduit à une supposition bienveillante, mais non fondée, des éditeurs de la *Lettre inédite.* Il est évident que Monaldo offrait en payement une partie d'un stock qu'on lui avait passé comme précieux, ainsi qu'il le dit lui-même, et qui était sans valeur. On lit à ce sujet dans l'Autobiographie, sur un fragment de *mémoire* reproduit par Avoli : « Un bon prêtre de Récanati, Pietro Pintucci, doué d'un goût littéraire correspondant à son extérieur vulgaire, s'était composé un cabinet avec de vieux livres, de mauvais petits ouvrages insipides ou incomplets, qu'il achetait pour deux *baioques,* pourvu qu'ils fussent imprimés au xve siècle. Quelqu'un m'ayant parlé de ce bric-à-brac bibliographique comme d'un trésor, je sentis que je n'aurais de paix qu'en l'acquérant. J'allai le voir, et un peu surpris à la vue de ce ramassis, je pensai que si je n'en connaissais pas la valeur, c'était dû à mon ignorance, et me persuadai que le temps et l'étude me rendraient capable de l'évaluer. Le bon prêtre, sans doute très attaché à sa création, se fit d'abord un peu prier, mais finit par me céder toute sa bibliothèque contre une rente annuelle et viagère de 40 écus. M. Pietro vécut bien portant dix-huit ans, et je payai mon inexpérience de 720 beaux et bons

Mais dans cette concentration forcée de l'esprit, dans le recueillement de tristes journées d'une insupportable oisivité[1], et de soirées solitaires, sait-on quelles méditations douloureuses, quelles aspirations vagues, quelles visions souriantes, quel tumulte de sentiments ardents, occupaient et agitaient le jeune malade en qui s'opérait une si complète transformation de l'être !

écus. Successivement je me débarrassai de tous ces livres et ne gardai que le *Museo Pisani*, magnifique ouvrage tombé je ne sais comment dans ce fouillis. » Monaldo n'eut pas l'idée de se défaire des bonnes éditions du xv° siècle, comme il l'écrit à Jacques le 22 février 1826 : « J'entends dire que les éditions des Alde, Grifi, Giunti, Valgrisio, etc., sont très estimées aujourd'hui. Vous savez que nous en avons un bon nombre, et je n'ai pas l'intention de m'en défaire, mais il serait bon d'avoir là-dessus quelque précision pour ne pas être induit en erreur dans les acquisitions et les échanges. »

1. Dans une lettre à son père à l'occasion de l'évasion qu'il tenta en août 1819, il dit : « Vous connaissiez ma misérable existence, causée par ma sombre et douloureuse mélancolie, les tourments affreux, d'un genre nouveau que me créait mon étrange imagination. Vous ne pouviez ignorer ce qui était plus qu'évident, c'est que pour cela et pour ma santé qui en souffrait si visiblement, dès que se forma mon pauvre tempérament, il n'y avait d'autre remède que des distractions puissantes, choses qui ne pouvaient jamais se trouver à Récanati. Malgré cela vous laissiez un homme de mon caractère se consumer pendant des années en des études mortelles, ou s'ensevelir dans le plus terrible ennui, et par conséquent dans une tristesse provenant de la solitude forcée, et d'une vie absolument inoccupée. » Cfr. Cugnoni. *Op. ined. de Giac. Leop.*

CHAPITRE II

LÉOPARDI PENDANT SES ANNÉES
DE RÉCLUSION A RÉCANATI

Premier amour de Léopardi. — Son amitié pour Giordani. — Son aversion de Récanati. — Son inclination pour Térésa Fattorini — Visite de Giordani. — Les deux premières canzoni de Léopardi. — Tentative d'évasion de la maison paternelle. — Ses *Idylles*. — Opposition de son père à la publication de ses canzoni. — Tentatives diverses pour obtenir un emploi.

Durant l'automne 1816, une cousine de Jacques, la comtesse Gertrude Cassi-Lazzari de Pesaro, alors dans la plénitude de sa jeunesse et de sa beauté, vint à Récanati et séjourna chez les Léopardi. Jacques, par nature, par habitudes d'esprit et de vie, disposé à de promptes impressions, sentit en lui l'attrait mystérieux de la beauté et l'émoi de l'amour. Que cette passion

1. Par ce titre nous ne voulons qu'indiquer rapidement la condition où Jacques s'imaginait être durant la période de temps que comporte ce chapitre.

ait été timide, on doit le croire, si on pense à l'éducation donnée aux enfants de Monaldo, à la différence d'âge et de situation, lui dix-huit ans, elle plus de vingt-cinq ans, mère d'une enfant de dix ans qu'elle venait mettre au couvent de l'Assomption à Récanati pour y faire son éducation; si on pense enfin à l'état de santé de Jacques, atteint d'une maladie des yeux et de l'estomac, chétif, malingre, et en outre bossu!

Comme attestation et manifestation de ce premier tribut que le cœur et l'art de Jacques rendirent à l'amour, nous avons deux morceaux en tercets, publiés pour la première fois par le poète dans l'édition de Bologne en 1826 sous ce titre : *Elégies*, avec indication de leur date de composition, qui est 1817 [1].

Mais l'art léopardien n'apparaît guère encore dans ces deux élégies, où l'on sent toujours le poète du *Pressentiment de la mort*, bien que la technique du vers s'y montre en progrès, que les idées aient plus de cohésion et de force, et l'expression du sentiment plus de naturel et de chaleur. En outre, l'impression des circonstances extérieures est assez vive dans l'esprit du poète pour produire des images d'un grand relief, des descriptions pleines de couleur et de vérité. Une vague imitation de Pétrarque, et un certain tour rappelant Monti, s'y dissimulent discrètement.

---

1. A la fin de 1816, Léopardi écrivit aussi sur ces heures brûlantes un morceau en prose qui ne fut jamais publié.

Mais cette imitation nous paraît évidente dans la structure des tercets suivants de *l'Elégie I*, qui a pour titre dans les éditions courantes : *Il primo amore.*

> Con gli occhi al suol tuttora intenti e fissi,
> Io mirava colei che a questo core
> Primiera il varco ed innocente aprissi.
>   Ahi, come mal mi governasti amor!
> Perchè seco dovea si dolce affetto
> Recar tanto desio, tanto dolore?
>   E non sereno, e non intero e schietto,
> Anzi pien de travaglio e di lamento
> Al cor mi discendea tanto diletto[1] ?

En certains passages le ton élégiaque se perd en un tour cherché de la période :

> Il cuocer non più tosto io mi sentia
> Delle vampe d'amor, che il venticello
> Che l'aleggiava, volossene via[2].

Mais la représentation du sentiment et des circonstances y est précise.

> Senza sonno io giacea sul di novello
> E i destrier che dovean farmi deserto
> Battean la zampa sotto al patrio ostello.

1. De mes yeux obstinément rivés au sol, j'admirais celle qui la première, sans le vouloir, fit tressaillir mon cœur. Oh ! quels déchirements tu me causas, amour ! Pourquoi un sentiment si doux devait-il apporter tant de désir, tant de douleur ? Pourquoi ce grand charme qui inondait mon âme n'était-il pas serein, pur et complet ? Et même se voilait-il de tristesse et de soupirs ?

2. A peine avais-je commencé à sentir les brûlantes flammes de l'amour que je fus privé de la présence de celle qui l'inspirait.

> Ed io timido e cheto ed inesperto
> Ver lo balcone al buio protendea
> L'orecchio avido e l'occhio indarno aperto
>   La voce ad ascoltar, se ne dovea
> Di quelle labbra uscir, ch'ultima fosse;
> La voce ch'altro il cielo, ahi, mi toglica [1].

Bien que Léopardi ait écrit ces vers un certain temps après avoir conçu le sentiment qui les lui dicta, probablement même après que sa flamme assoupie se fut ravivée par une nouvelle visite de la comtesse Lazzari [2], il ne resta cependant aucune trace durable dans le cœur du poète. D'ailleurs si l'on trouve naturel ce premier feu de l'imagination, à la vue de sa belle cousine, chez un jeune

---

1. L'aube luisait avant que mes yeux se fussent fermés au sommeil, et les coursiers qui devaient me rendre à ma solitude, frappaient du pied le sol de la maison paternelle. Et moi timide, et sans expérience, vers le balcon obscur l'œil ouvert en vain, je tendais une oreille attentive. Pour écouter la voix qui, fût-ce la dernière, devait sortir de ces lèvres; le ciel hélas ! ne me permettant d'entendre que cette voix.

2. Observons que l'élégie commence par ces mots :

> Tornami a mente il dì che la battaglia
> D'amor sentii la prima volta...

« Ce jour où pour la première fois je connus le combat de l'amour, revient à ma pensée. » Puisque 1817 est la date que fixa l'auteur, il ne peut y avoir de doute sur l'année où fut composé le *Primo amore*. Si des documents publiés sur Léopardi par Antona Traversi dans ses *Études sur Léopardi*, il résulte que la fille de la comtesse Lazzari n'entra à l'institution des Oblates qu'en décembre 1817, il ne s'ensuit pas que la comtesse n'ait pu aller à Récanati l'année précédente. On peut même tenir comme probable que ce réveil de la passion endormie, et exhalée dans les deux élégies, coïncide avec la seconde visite de Gertrude Lazzari revenue à Récanati pour mettre sa fille au couvent. Car si l'on devait rapporter sa première visite à cette circonstance, les deux élégies porteraient nécessairement la date de 1818.

homme d'une extrême sensibilité et sur lequel
l'imagination avait tant de pouvoir, solitaire par
inclination et par habitude, éloigné de toute occasion propice à l'amour, il n'est pas moins naturel
de penser que cette occasion disparue, ses premières ardeurs devaient bientôt s'éteindre. Et ce
n'est pas seulement par l'inconstance assez habituelle à la jeunesse, mais encore et surtout, par
la différence très grande des âges et des situations,
par le travail incessant où se dépensait toute l'activité du jeune homme, par le désir ardent de
renommée qui avait toujours occupé son cœur et
sa pensée, enfin par ses souffrances physiques.
Aussi cet amour fugitif et presque enfantin fut
comme un orage de printemps qui rend l'air plus
vivace, le ciel plus limpide. Le poète en sortit
retrempé par plus d'énergie et de vigueur, par
une plus entière conscience de lui-même. De ce
moment s'affirme l'active et fière indépendance
de son esprit, et se découvrent les horizons sans
fin où errera son imagination. Mais bientôt aussi
va s'engager sa lutte incessante avec le destin,
avec la nature, avec sa famille.

De même que ce premier amour du jeune récanatais ouvrit son âme à une nouvelle puissance
de sentiments, sa première amitié donna une forte
impulsion à sa pensée.

Un insatiable désir de gloire, que lui-même
avoue, le poussait à rechercher en Italie les
hommes ayant une réputation dans les lettres,

pour leur parler de ses travaux, en sollicitant instamment leur appréciation, leurs conseils et leur amitié. Ainsi fit-il près de Monti, de Mai, de Giordani. En 1817, le 21 février, il envoya à ce dernier un livre, sa version de l'Enéide sans doute, avec une lettre d'adroites louanges pour l'homme qui détenait alors la dictature littéraire en Italie. Giordani y répondit par deux lettres ; l'une très louangeuse, l'autre chaude d'enthousiasme et d'admiration sincère pour le noble enfant, *rare par l'esprit et la science*. Et ce fut l'origine de l'amitié qui les unit tous deux ensuite, et contribua beaucoup à mûrir l'esprit de Léopardi. Jusque-là, en effet, occupé d'études érudites, dans une complète solitude, il était resté presque étranger à ce mouvement littéraire qui aboutissait à Giordani, à Cesari, à Monti, à Manzoni, et plus encore qu'au mouvement littéraire, il était resté étranger au mouvement historique et politique. Sous ce rapport donc, son intimité avec Giordani n'élargit pas seulement les limites où se concentrait sa pensée, mais elle lui révéla et lui ouvrit d'autres grands horizons, mettant dans son esprit ardent tout un nouveau ferment de concepts littéraires, patriotiques et moraux, qui ne pouvaient manquer dans un terrain aussi bien préparé, de germer et de fructifier vigoureusement. Si les quelques lettres courtoises échangées avec Mai, Monti, et autres, ne pouvaient exercer une action féconde sur son esprit, ni susciter les doutes, les discussions qui alimentent la pensée en la rendant plus déliée, plus étendue, plus énergique, sa correspondance avec Giordani prit aussitôt un tour amical.

Un souffle de sympathie réelle l'anime et la réchauffe ; un accord pour ainsi dire parfait d'idées, une entière confiance, une multiplicité de sentiments, un désir très simple de se révéler, de se réconforter, de confier au papier ce que l'on sent, ce que l'on pense, ce que l'on sait, telles sont les qualités inestimables des lettres qu'ils échangèrent et qui composent le plus intéressant et le plus instructif, peut-être, des recueils épistolaires.

L'amitié de Jacques pour Giordani fut d'abord littéraire : « Dans les premiers mois de l'année écoulée — lui écrivait-il le 30 avril 1817 — j'avais vu votre nom au bas du communiqué de la *Biblioteca italiana*... et ayant reçu les livraisons de cette revue je sus distinguer vos articles, d'abord par conjecture, puis avec certitude quant à un ou deux, et cela suffit à me les faire reconnaître tous [1]. Que vous en dire maintenant ? Vous dirais-je qu'ils affermirent ma conversion à peine commencée ? Et que mis en goût par cette lecture les autres écrits modernes que je considérais auparavant comme excellents, me parurent insipides ; que j'attendais la *Bibliothèque* avec grande impa-

---

1. Une fois cependant Leopardi se trompa et complimenta beaucoup Giordani d'une traduction de Juvénal, peu élégante et qui n'était pas de lui.

tience, qu'aussitôt reçue je la lisais avec l'avidité d'un affamé, recommençant dix fois vos articles, et que maintenant qu'il n'y en a plus, j'écarterais volontiers tout le reste des livraisons ? » Une fois la correspondance engagée, les démonstrations admiratives devinrent réciproques et aidèrent certainement à l'union des cœurs. Léopardi adressait à son ami de chaudes louanges sur ses écrits. Après avoir lu son *Panégyrique,* « *quod bonum faustumque sit* », s'écrie-t-il dans un élan d'enthousiasme, « Je ne crois pas que l'Italie possède en ce genre œuvre plus belle. Belle par les faits, par les mots, par la manière d'exposer les choses. » Et il énumère un à un tous les mérites de l'ouvrage de Giordani qui lui répond quelque temps après avec non moins d'enthousiasme. « Depuis longtemps déjà je m'étais dit, ce que je dis ensuite à d'autres, et que je ne puis m'empêcher maintenant de vous dire à vous : *Inveni hominem.* A peine le puis-je croire, et pourtant cela est ! Quel esprit ! Quel talent ! La nature l'a créé, mais combien vous l'avez perfectionné ce parfait écrivain que j'ai dans la pensée. »

L'affinité des idées et des sentiments, et une similitude de circonstances, contribuèrent beaucoup à cimenter une amitié née d'une sincère et profonde admiration. Comme son ami, Giordani avait une sœur qui lui était *une grande consolation, le meilleur cœur du monde, tendre autant qu'il est possible, et d'une simplicité charmante.* Il

avait une mère aussi, *d'humeur difficile :* « Je
m'exerce à la patience avec ma bonne mère qui
est la plus sublime mais la moins commode des
saintes de la terre. » Dans une autre lettre il dit :
« A votre âge j'étais absolument comme vous. »
Et ailleurs: « Quelle triste vanité que ce monde !...
Et combien j'ai de mépris et d'aversion pour la
race humaine en général. » Après une liaison de
quelques mois, la ressemblance entre eux est
même dans la souffrance, souffrance physique et
morale. Ainsi il écrit au poète en avril 1820 : « Me
voici retombé dans la maladie qui me prit en mai
l'année dernière et me tint trois mois dans un état
pénible, et cinq autres incapable d'aucun travail
de tête. La moindre application m'est défendue
aujourd'hui par les médecins, mais plus encore
par l'impossibilité. Le repos, la campagne, l'exercice, me sont ordonnés. Un petit voyage me plairait fort si je pouvais le faire... » Et en mai : « Il
y a trois mois que, sans m'y être attendu le moins
du monde, j'ai été repris de cette maladie nerveuse qui me rendit trois mois fort malade l'an
passé, et cinq autres dans une incapacité absolue
de travailler. Et maintenant encore je ne puis
supporter la moindre application, souffrant continuellement, accablé par ce malaise inexplicable
auquel on ne trouve pas de remède. Imaginez ce
qu'est ma vie, privée du seul réconfort que serait
pour moi une occupation de l'esprit qui éloigne-
rait, un instant du moins, tant de douloureuses

pensées ! » Et en juin 1821 avec des mots que l'on croirait de Léopardi lui-même : « Ma santé est irrémédiablement perdue... Mon unique consolateur, ce pauvre cerveau, est mort sans espoir de résurrection... Mes yeux ne supportent plus de lire, mes tristesses sont un océan sans bornes et sans fond... « Jacques, trouvant une si parfaite conformité de pensées et de sentiments, verse avec une effusion sincère le meilleur de son cœur dans ses lettres à son ami. Et comme deux pensées l'occupent principalement, la perfection et la gloire dans les lettres, et l'infélicité de son propre état, elles vibrent dans sa correspondance avec Giordani comme des notes sur deux cordes alternativement touchées par la même main.

Les concepts littéraires qu'il expose un peu confusément dans ses premières lettres sont à remarquer. Il estime qu'il est utile et conforme à la nature de cultiver la poésie dans sa jeunesse aussi bien que la prose ; il reconnaît l'affinité qu'il y a entre le grec et l'italien, et se dit admirateur de la prose grecque autant que de celle de notre *trecento ;* il devance certaines idées modernes sur les fins et moyens de l'art, en réfutant l'opinion de Giordani qu'on ne doit jamais représenter le laid, et contre l'avis de Giordani encore, il manifeste sur la langue parlée des idées qui ne diffèrent pas sensiblement de celles que soutiendra Manzoni quelques années plus tard. Lorsque, par l'effet de cette correspondance, il eut acquis plus de largeur et de sûreté de vues, ses jugements se firent plus affirmatifs sur les questions littéraires qu'il avait à cœur, et il alla même jusqu'à déclarer ceci : « Plus je lis les auteurs grecs et latins, plus il me paraît que les nôtres se rapetissent, et je vois que non seulement notre éloquence, mais notre philosophie, et tout, sans exception, autant par la forme que par le fond, il faut le créer. »

Mais cette belle harmonie des pensées qui occupaient son esprit si remarquablement doué, se trouva peu à peu troublée par de douloureuses notes. Le vaste monde intellectuel dont son intimité avec Giordani lui révélait les trésors, ne pouvait pas ne pas éveiller dans cet esprit ardent des aspirations et des impatiences. Plus il s'élevait par l'imagination et laissait errer sa pensée, plus il souffrait de se voir condamné à rester perpétuellement *pupillo* [1] dans un pays et dans une famille où il n'était pas compris, où toute satisfaction du cœur et de l'esprit lui manquait, où souvent même il était l'objet de railleries à cause de cette difformité physique qui fut pour l'infortuné une source d'infinies souffrances. La curiosité des érudits nous a valu de navrants détails sur les quolibets dont se trouvait poursuivi le chétif enfant quand il s'exposait à être aperçu dans les rues. Le couplet moqueur crié derrière lui par les

---

1. C'est-à-dire dans une dépendance, une *minorité* qui ne finit pas, ainsi que l'écrivit Jacques lui-même. (Cfr. *Épist.* I, page 484.)

polissons de Récanati, les pierres et les boules de neige qu'ils lui lançaient, ne devaient certainement pas diminuer le dégoût qu'il éprouvait pour sa ville natale, où ses études, qu'on n'appréciait pas, ne recevaient ni encouragement ni aide d'aucune manière ; partout c'était la *mort, l'insipidité, la sottise*[1]. Il n'avait pas beaucoup plus de satisfactions dans sa famille, et se plaignait d'être traité comme un enfant, même comme un *bambin*, de n'avoir pas un *centime à dépenser*, d'entendre *des choses si drôles que c'est une curiosité*, de ne se trouver *d'accord sur rien avec personne*, ni avec son père, ni même avec son frère Charles, cependant *un autre lui-même, et ce qu'il avait de plus cher au monde*, de rencontrer des goûts littéraires si étranges qu'il voyait aimer *particulièrement les livres qu'il avait en dégoût*, enfin de n'entendre parler *que de niaiseries, et toujours de niaiseries, et quant à la littérature, imaginez vous-même...* A ces causes de mécontentement s'ajoutaient les souffrances physiques. « Le défaut de santé surtout me rend malheureux », écrit-il à Giordani. Aussi l'ennui et la mélancolie qui le déprimaient, ne faisaient que croître dans les moments de repos forcé et de solitude auxquels le condamnait la faiblesse de ses yeux et de son estomac. Si donc, par son caractère, ses idées, son désir de travail

1. Il est vrai que même après avoir quitté Récanati, à Naples notamment, les moqueries et les insultes des enfants de la rue le poursuivirent également.

utile et de renommée, et tant de causes de mécontentement que lui donnait son entourage, Jacques aspirait à sortir de Récanati comme remède réparateur à toutes ses souffrances, la chose nous paraît si naturelle, que le contraire devrait plutôt nous étonner. Et on regrette d'avoir vu attribuer à Giordani la cause du nouveau sujet de peine qui vint bientôt accroître le lourd fardeau dont le malheureux poète était déjà accablé. Toutefois on comprend que le comte Monaldo, affligé de ce rêve nouveau de son fils, ait pu l'imputer à l'influence de Giordani qui avait des idées plus en accord avec celles de Jacques que ne l'étaient les siennes. Mais, répondent les critiques qui écrivent pour la recherche de la vérité, on ne s'explique guère cette imputation quand on sait que Léopardi, dès sa seconde lettre à Giordani, s'étend longuement sur le mépris et l'aversion qu'il éprouve pour Récanati, et sur le désir ardent et fou qu'il a d'en sortir.

Les premiers mots que Giordani lui répond à ce propos, semblent tout le contraire que de l'huile sur le feu : « A mon avis un homme raisonnable doit aimer le lieu où il est né, et il me paraît que vous avez tout sujet d'aimer Récanati... Votre pays natal est dans un site amène et sain ; votre maison vous offre toutes facilités pour l'étude, bien plus que vous n'en pourriez trouver ailleurs. » Et il énumère toutes les raisons qui lui viennent à l'esprit pour consoler Léopardi d'une demeure qu'il a dès lors en horreur. Mais celui-ci s'obstine et riposte ; il veut persuader son ami que s'il reste à Récanati sa vie n'est plus tolérable. Et Giordani, désespérant de calmer son impatience sur ce point, se met peu à peu avec lui, reconnaît que le vrai, le seul remède serait le mouvement, la distraction dans un pays nouveau. Plus tard il encourage ainsi son espoir : « Si pour votre santé il est absolument indispensable que vous quittiez quelque temps Récanati, je me mettrai aux genoux de votre père... il me paraît certainement nécessaire de vous éloigner un moment. Nous verrons comment on pourra l'obtenir ». Mais la souffrance de ce séjour forcé croissait chez Jacques à mesure qu'il arrivait à se persuader que ses parents ne lui donneraient jamais ni les moyens, ni l'autorisation d'en sortir. Et quelquefois il se laisse entraîner à d'âpres plaintes : « S'il y avait eu seulement une volonté sincère chez l'un de ceux de qui nous dépendons, il est certain que ce qui est facile à vingt autres ici même, ne nous serait pas impossible à nous... En un mot si celui qui devait vouloir, avait voulu, s'il n'avait dit aux autres et ne s'était persuadé lui-même qu'il ne pouvait pas, il est évident que depuis longtemps nous aurions obtenu satisfaction à notre désir. Mais ils ne veulent, et ne voudront jamais, que quand nous les contraindrons. Il leur plaît de nous voir en cet état et souhaiteraient de tout leur cœur que nous mourussions. Ils se repentent de nous avoir laissé étudier et disent devant nous formellement qu'ils ont reconnu le danger de l'instruction, c'est pourquoi ils donnent évidemment à notre jeune frère l'éducation, les goûts et les instruments de l'ouvrier... »

Jacques ne leur adressa probablement jamais de demandes directes et pressantes[1], le peu de confiance et de liberté qu'il y avait entre les parents et les enfants s'y opposait. Quoi qu'il en soit, jamais certainement, le comte et la comtesse Léopardi ne laissèrent concevoir à Jacques l'espoir de quitter Récanati. Nous n'avons là-dessus ni à les louer ni à les blâmer. Étant données leurs idées, leurs habitudes, et leur résolution de ne point augmenter les dépenses de la famille afin de pouvoir à tout prix rétablir et accroître le patrimoine, on s'explique très bien comment ils ne purent comprendre que le désir de leur fils était, non pas le caprice d'un cerveau bizarre, mais une nécessité d'esprit et de vie.

Dans cette sourde lutte, intérieure et extérieure, les impatiences de Jacques se trouvaient à la fois excitées et apaisées par son frère et sa sœur, d'accord avec lui pour mépriser la tyrannie domestique et se forger des rêves de liberté et de félicité. Une sorte de ligue[2] s'établit ainsi

---

1. Il a dit très souvent dans ses lettres qu'il ne voulait rien demander à sa famille. (Cfr. *Épist.* I, page 112.)
2. Comme une conjuration, dit M. d'Ancona, contre les idées

entre eux, et le cœur de Monaldo, excellent dans le fond, s'en trouva blessé; quelques années plus tard il s'en plaignait amèrement à l'avocat Brighenti : « Ils exècrent la Patrie que tout honnête homme doit aimer et servir quelle qu'elle soit, et telle que la Providence la lui a destinée; ils exècrent la maison paternelle parce qu'ils s'y considèrent comme des étrangers; peut-être m'exècrent-ils aussi, moi dont le cœur est pour eux plein de tendresse, et qui suis représenté dans leur imagination faussée, comme un tyran inexorable ! J'envie le sort du père misérable qui apportant au logis le pain noir de ses sueurs, se voit accueilli par l'amour et la reconnaissance de ses enfants[1]... »

des parents, des amis de la famille, et des maîtres. Bientôt se joignit à eux le quatrième enfant, Louis, que Charles en écrivant à Jacques, se réjouissait de voir grandir, « digne de notre confraternité, tout au moins par le cœur, et la dévotion absolue à la cause commune ». C'est-à-dire celle de la délivrance des enfants du sévère joug paternel, et par conséquent, des peuples du très dur joug politique. Le comte Monaldo devait certainement demander souvent au Ciel pourquoi lui furent donnés, précisément à lui, des enfants si peu respectueux du dogme de l'infaillibilité paternelle; comme à leur tour les enfants devaient demander au destin pourquoi à eux précisément fut donné un tel père : « Il a plu au Ciel pour notre châtiment — dit Jacques dans une lettre mémorable à son père — que les seuls enfants de cette ville ayant des idées si peu récanataises fussent les vôtres, pour exercer votre patience, et que le seul père qui regardât ses enfants comme une affliction fût le nôtre. » Les deux groupes devaient fatalement se heurter quelquefois; la raison restait au plus fort; et aux vaincus, aux faibles, il ne restait d'autre consolation que la raillerie et le sarcasme ». — (Cfr. D'Ancona. *La famiglia di G. L. Nuova Antol.*)

1. A la suite des lignes citées plus haut, M. d'Ancona nous trace un vivant portrait de Charles et de Pauline : « D'un an

La nouvelle orientation littéraire de Léopardi, sa fréquente correspondance avec Giordani, ses tourments de cœur et d'esprit, la faiblesse de sa vue et de tout son organisme, qui lui interdisait un travail de longue application, tels furent les motifs qui le déterminèrent à abandonner complètement les études d'érudition. De juillet 1817 à la fin de 1818, nous n'avons qu'une longue lettre à Giordani *sur le Denys de Mai*. Attiré de préférence vers l'étude des classiques qu'il lisait régulièrement chaque jour, il laissait volontiers errer sa vive imagination à travers les brillantes fictions

moins âgé que son frère, Charles lui ressemblait par la vivacité des sentiments, la promptitude d'intelligence, et son insubordination à la règle domestique. Jacques, disait-il, *est un autre moi-même.* Toutefois il lui reprochait : peu d'amour pour la Patrie et pour les anciens, beaucoup pour les étrangers. infiniment pour les Français ». Ce qui était l'occasion d'aimables discussions entre les deux frères. Mais comme Jacques, il était impatient ; comme lui il aima une cousine avec toute l'ardeur d'un jeune cœur ; comme lui il se lassa de la vie étroite de la maison et de la province, qui dépassait « les bornes de la générosité céleste et de la capacité terrestre » ; comme lui il attribuait tout le mal à « son infâme et maudit pays, et à la force des circonstances voulues par sa famille », gémissait de n'être rien, de n'aimer rien, de ne faire rien, de n'avoir rien, pas même un sou pour affranchir une lettre à son frère ; comme lui il eut l'envie de s'évader de la maison paternelle ; et son cher Jacques cherchait à le calmer et à l'excuser auprès de leur père ; comme lui il eut le culte du beau, de l'art, de la musique ; mais surtout il avait une immense affection pour son Jacques « à qui personne, après lui, ne venait souhaiter bonne nuit, et que personne avant lui, ne revoyait à son réveil ».

Pauline n'était pas moins que Charles attachée à son frère, ni moins mécontente que tous deux de la maison paternelle... En juin 1826, elle écrivait à Jacques que dans les trois mois des grands poètes, et elle s'enflammait et s'exaltait à leurs sublimes pensées et à leurs beautés. Au milieu de ces divins fantômes dont la poésie lui peuplait l'esprit, un tendre sentiment naquit en son cœur. Il aima Térésa Fattorini et l'immortalisa dans son admirable chant : *A Sylvie*. Elle était fille du cocher de la famille Léopardi, naquit en 1797 et mourut phtisique en 1818. Une canzone que Jacques composa pour elle — *Per una donna malata di malattia lunga e mortale* — laisserait croire qu'elle était fiancée, puisqu'il dit : « Ton amour est pour un autre. A celui-là appartient le bonheur de t'aimer. » Charles Léopardi me paraît

qui suivraient sa lettre, l'heure de son mariage aurait sonné, ou certainement celle de se faire religieuse ». Ni une chose ni l'autre n'arriva, et elle resta dans sa famille. On dit qu'elle devint dévote comme sa mère, de même que Charles devint sordide comme son père. Mais dans sa jeunesse elle eut le désir du bonheur, bien qu'elle n'espérât pas en voir la réalisation. « Et vous le croirez sans peine — écrivait-elle à Jacques — connaissant ceux qui me gouvernent... » Puis elle ajoutait : « Dans le pays où j'habite, et dans la maison Léopardi, vous savez mieux que moi comment on vit... mon existence est exaspérante. » Tous cherchaient donc à sortir de cette bienheureuse maison où régnaient Monaldo et Adélaïde ; et la voix de Pauline, de la *divine* Pauline, s'unit à celles de ses frères pour se plaindre de la sévère règle familiale ! On comprend en effet, qu'avec de tels règlements les enfants soumis à une autorité si absolue des parents, devaient en sortir fous ou à jamais malheureux. La fougue de la jeunesse s'étant calmée, Charles et Pauline se firent à la réalité inexorable de ce genre d'existence, et sans désavouer leur affection pour leur frère, ils cherchèrent pieusement à atténuer les fautes de leurs parents. Jacques, de nature plus frêle, après avoir brisé une à une toutes les idoles de sa jeunesse, descendit dans la tombe sans aucune consolation ». (Cfr. *Nuova Antologia*, volume XI.)

avoir raison lorsqu'il écrit à Viani que « bien plus
romanesque que réel était son amour pour Nérine
et Sylvie... si l'on peut ainsi qualifier ce sentiment intime et discret... La triste condition de
ces deux pauvres êtres, morts à la fleur de l'âge,
fut certainement la raison qui incita l'imagination
de Jacques à créer deux des plus beaux morceaux
de ses poésies. » Ajoutons que si le poète eût
aimé vraiment et profondément il n'aurait pu si
longuement et si tranquillement moduler des variations sur le motif de son imminente mort.

> « E poco andrà ch'io potrò dire : è morta...
> Poco andar può che sempre a noi s'involi...

Avant le moment suprême, il se la représente
morte.

> Or s'ella è morta ed io come son vivo ?

Puis il s'adresse à elle :

> Dunque, o donna, morrai?
> Si, certo, si...

Et comment lui, qui avait exprimé si chaleu-
reusement le sentiment d'amour dans deux élégies, n'eût-il pas trouvé des accents plus humains,
plus vrais et plus forts, si sa passion pour Teresa
Fattorini n'avait été simplement un entraîne-
ment de son imagination, un vague rêve de son
esprit en qui le culte de la beauté et la sensibilité étaient instinctifs? Je ne prétends pas nier

que sous l'amour poétique il n'y ait eu une sympathie, un intérêt, même une affection réelle; toutefois observons ceci encore que la visite de Giordani à Léopardi coïncide avec les derniers jours de la jeune fille, et il nous semble que s'il s'était agi d'une passion vive, quelque chose en eût été dévoilé à son ami, et quelque allusion faite dans les lettres échangées à ce moment.

Ce sujet nous a amené naturellement à l'un des plus importants événements qui interrompirent l'habituelle monotonie de la vie de Jacques à Récanati. Nous voulons parler de la visite de Giordani. Annoncée l'année précédente, elle ne s'effectua que dans les premiers jours de septembre 1818, après des sollicitations pressantes et une attente longue et impatiente de Jacques. Giordani reçut l'hospitalité chez le comte Monaldo, où il ne passa que cinq jours, malgré les instances de son ami pour le retenir davantage. Il semble que d'abord il se proposait de faire un plus long séjour, car il avait parlé plusieurs fois d'une *bonne douzaine de jours*. Mais reçu dans la famille, il ne voulut point abuser de son hospitalité et abrégea sa visite. Dans les lettres qu'il écrivit ensuite il se loua de sa réception et réitéra ses remerciements et sa gratitude. Chose singulière, Jacques, qui aurait dû garder de cette visite une impression profonde et reconnaissante, n'y fait pour ainsi dire aucune allusion dans ses lettres ultérieures. A moins que les premières lettres adressées à son ami après son départ n'aient point été gardées. Pour l'une d'elles, on sait positivement que Giordani ne la reçut point.

Charles a rapporté que la première fois que Jacques sortit seul de la maison, ce fut pour aller à la rencontre de Giordani quand celui-ci vint le voir à Récanati, et qu'il en fut repris par son père : (A vingt ans !) Et il ajoute : « J'ai gardé, moi aussi, le souvenir de cette visite, des longues promenades faites ensemble, et des conversations de cet homme vraiment éloquent. » Or, il est présumable que Jacques en eut une impression plus vive et plus agréable encore, et en garda le souvenir plus que Charles, étant étroitement uni à Giordani par l'admiration et l'affection, par une similitude de caractère et d'idées, et avide d'avoir sur les hommes et les choses des connaissances que le piacentin pouvait amplement lui fournir. Mais subjugué par une infinité de pensées, d'aspirations, de sentiments que la conversation de Giordani avait éveillés en lui [1], il devint moins expansif. Son ami le lui reprocha. « D'où vient,

1. Sur ce bon côté de l'influence de Giordani sur Léopardi (nous verrons plus tard s'il en eût un mauvais), M. Bouché-Leclerq a écrit ces belles paroles : « Ce fut sans doute une bonne fortune pour le jeune savant enfermé dans Récanati, de trouver pour guide et pour appui dans le monde littéraire, un homme de goût et de talent, artiste consommé en fait de style, dont la parole faisait autorité, un ami dévoué qui ne lui permettait pas de s'endormir sur ses premiers succès, ni de se laisser décourager par les malveillances de la critique ». (*G. Léop.*, *sa vie et ses œuvres.* Paris, Didier, 1874.)

mon petit Jacques, que depuis notre entrevue, vos lettres soient plus rares ? Aurais-je perdu en m'étant fait connaître à vous? » Il n'avait rien perdu, et n'était nullement diminué dans l'opinion du jeune récanatais ; il ne fit que rendre plus fortes ses pensées et ses résolutions.

Le premier résultat de ses entretiens avec Giordani nous paraît être la canzone *A l'Italie* et celle *Sur le monument de Dante*, toutes deux composées aussitôt après le départ du piacentin, puisque Léopardi lui en envoyait le manuscrit le 19 octobre. Nous avons indiqué comment Giordani contribua à le sortir d'un cercle relativement restreint de faits et de pensées, en lui révélant comme un nouveau monde éthique et historique, et en éveillant en lui d'ardentes aspirations à un haut idéal social et national. Le *Panégyrique de Canova* et plusieurs autres écrits de Giordani, autant que sa parole éloquente, ont eu certainement une action sur l'évolution de la pensée de Léopardi, quant à l'observation et à l'appréciation des événements de ce temps, au mouvement des idées entrées alors en opposition dans la politique, la philosophie et l'art. Le poète inspiré qui par son chant *A l'Italie* enflamme les cœurs pour la délivrance, n'est plus l'enfant sans expérience qui dans son *Discours aux Italiens*, démontre que toute tentative de rénovation politique est injuste, irraisonnable et vaine. Il ne serait sans doute pas difficile de trouver dans les écrits de Giordani,

connus alors, les tours de phrases et de style, les
louangeuses hyperboles, les emphatiques et sentimentales apostrophes, que ces deux canzone
rappellent en plus d'un passage.

Léopardi voulut dédier ces deux compositions
nouvelles à l'auteur de la canzone *per il congresso
d'Udine*, et Giordani s'entremit près de Monti
pour obtenir son agrément. Imprimées à Rome
au commencement de 1819 par F. Bourlié dont
le poète parut peu satisfait, elles ne firent pas
grand bruit en Italie, mais à Milan leur succès
dédommagea l'auteur du peu d'accueil fait à ses
deux traductions de l'Enéide et de l'Odyssée.
Giordani, qui s'enthousiasmait facilement, lui
écrivait le trois février : « Oh, très noble et très
puissant esprit !... C'est ainsi et pas autrement
que je voudrais la poésie lyrique. » Et deux jours
après : « Cette poésie je l'ai montrée à différentes
personnes capables de la juger et qui ne louent
point facilement, elle a été exaltée avec tant et
tant de louanges, et vous, admiré avec une telle
vénération qu'on ne pourrait rien de plus pour
Dante... Vos deux merveilleuses canzone ont
suffi pour faire grand tapage en Italie... Elles
circulent à travers la ville comme un courant
électrique. Chacun les veut et en reste ébahi.
Jamais, non jamais, je n'ai vu, ni en prose ni en
vers, œuvre de génie plus admirée et plus vantée. »
Et de nouveau, deux jours après : « Tout le
monde (jusqu'aux femmes !) les veut copier...

On parle de vous comme d'un dieu, et de vos canzone comme d'un miracle. »

A de telles paroles et à un pronostic tel que celui-ci : « De cette solitude qui a fait votre grandeur, vous sortirez en nom et en personne, avec la majesté de l'astre », on peut supposer que Léopardi sentit s'enflammer son désir de quitter Récanati, de voir les grandes villes et les grands hommes, de connaître et de se faire connaître. Pendant le rapide séjour de Giordani à Récanati, déjà des projets avaient été formés pour le départ de Jacques, et peut-être même près de ses parents, des allusions et des tentatives essayées et restées sans effet. L'insuccès d'une démarche mollement poursuivie à la fin de 1818 pour un emploi à Rome dut aussi, sans doute, raviver les impatiences du jeune homme comme il arrive généralement aux natures nerveuses et impressionnables. C'est pourquoi, entre la petite distraction que lui procurait l'envoi de ses lettres à d'illustres personnages, et l'attente souvent vaine (et combien auxieuse) de leurs réponses, entre les annotations qu'il préparait sur la *Chronique d'Eusèbe*, publiée par le cardinal Mai[1], et les idées littéraires qu'il mûrissait[2], les

----

1. Ces annotations, jetées sur le papier en 1819, revues et perfectionnées ensuite, parurent en 1822.

2. Relativement à la poésie lyrique il écrivait à Giordani, en février 1819, qu'il était certain que : « ce genre pourtant si important de composition, était encore à naître en Italie et qu'il fallait le créer ». (Cfr. *Épist.* I, page 174.)

plans qu'il méditait[1], Léopardi se dévorait du chagrin de se voir muré dans Récanati, et s'ingéniait à trouver comment il pourrait s'ouvrir une voie pour en sortir.

Giordani et les quelques personnes autorisées auxquelles il avait exposé le cas de Léopardi, entre autres Perticari, émettaient un avis ou un conseil : le mieux serait pour lui d'entrer à l'Académie ecclésiastique de Rome. A cela Jacques répondait qu'il faudrait au moins quatorze écus par mois, et qu'avec cette somme il pouvait vivre plus commodément et plus librement chez lui; que d'ailleurs jamais son père ne consentirait à cette dépense. « Mon père, écrivait-il à Giordani le 26 mars, est plus que décidé à ne me donner jamais une demi-baioque hors de la maison, c'est-à-dire nulle part, attendu que même ici, il ne me donne jamais d'argent; il me fournit seulement le nécessaire comme à toute la famille, mais il me permet de chercher le moyen d'en sortir sans la plus minime dépense pour lui. Et je dis qu'il me permet parce que lui-même ne remuerait pas son petit doigt pour m'aider; il le remuerait plutôt pour m'en empêcher. Or, voyez, que puis-je faire? moi qui ne suis connu de personne, qui ai toujours vécu dans un pays qu'on ne saurait situer

1. « En ce qui concerne la prose italienne en général, les idées que j'ai conçues étant encore confuses et peu ordonnées, je ne puis les mettre sur le papier sans les étudier, ce que je me propose de faire dans un traité — *Sur la condition présente des Lettres en Italie*. (Cfr. *Épist.* I, page 186.)

sans le dictionnaire, et qui suis traité comme un enfant... Une chose certaine, c'est que tout lieu où je pourrai trouver à vivre, si médiocrement que ce soit, me conviendra très bien. Je sais que je ne quitterai point cette retraite sans renoncer à certaines commodités, mais elles ne me sont rien sans l'air et la pleine lumière. J'entends par là la vue et le commerce du monde et des hommes parmi lesquels je suis né, la conversation de personnes qui font preuve de vie, et avant tout, d'intelligence. Et quand elle ne brillerait que chez un petit nombre, chez aucune certainement elle ne pourrait être aussi rouillée, aussi fruste que chez nous ».

A cela Giordani répondait le 10 avril : « Je suis désolé de ne pouvoir te tirer de ce trou sans qu'il en coûte des frais. Et pourquoi ne puis-je trouver tout de suite une rémunération qui soit suffisante? » Et un peu après il reprend : « Je crois impossible que vous sortiez jamais de Récanati, si ce n'est par l'Académie ecclésiastique de Rome. Et c'est la chose que je crois la moins impossible à persuader à votre père. Je mettrai à cela tous mes soins, si toutefois il est quelqu'un au monde qui puisse, par des raisonnements et des prières, obtenir quelque chose de votre père. » Ce doute de Giordani sur l'inflexibilité de Monaldo, était pour Jacques une certitude si douloureuse qu'il lui répondit : « Puisque vous m'assurez qu'il n'est pas possible de trouver immédiatement de

quoi vivre hors d'ici, soyez certain, et tenez pour
article de foi, que jamais, jamais, avant la mort
de mon père, que je ne souhaite pas avant la
mienne, je ne sortirai de Récanati autrement
qu'en mendiant. Et tenez pour aussi indubitable
que mon affection pour vous, que toute votre
éloquence, fût-elle de Périclès, de Démosthène,
de Cicéron, ou de n'importe quel grand et per-
suasif orateur, ne détournerait mon père de sa
résolution. Or, comme l'Académie ecclésiastique
exigerait une dépense supérieure à celle qui me
suffirait partout ailleurs, elle est, si dans le
superlatif se donne le comparatif, le parti offrant
le moins d'espoir ; puisque ce que je demande,
qui n'est ni de vivre en prince, ni même confor-
tablement et sans privation, mais simplement
hors d'ici, on ne peut même pas l'obtenir. »

Tandis que s'accroissait et s'avivait en proportion des obstacles, son ardent désir de quitter
Récanati, les souffrances causées par le dépé-
rissement de sa santé attisaient ses impatiences.
Condamné à l'inaction par l'état de ses yeux,
peut-on s'étonner que dans la noire tristesse de
longues heures de solitude et d'oisiveté, d'acca-
blement physique et moral, le sentiment de l'in-
tolérable prison et le rêve de la délivrance ne
l'aient hanté avec une persistance maladive, et
poussé, par une irrésistible sollicitation, à une
résolution désespérée ? En mai il écrivait à Giordani : « Je suis toujours dans un état de dé-

sespoir. » Et en juin plus douloureusement : « Depuis le mois de mars, je suis affligé d'une faiblesse persistante des nerfs de l'œil, qui m'interdit toute lecture et même toute tension d'esprit. Pour le reste, je me sens de corps et d'esprit aussi surexcité et désespéré que jamais, au point que je mordrais ce papier où j'écris... Ferai-je jamais rien de grand, maintenant que je ne cesse de me débattre comme un ours en cage? Dans ce pays de prêtres, je dis ceci pour vous, et dans cette maudite maison, on donnerait un trésor pour que moi aussi je me fasse prêtre, et, que je le veuille ou non, de gré ou de force, on me fait vivre en prêtre. Soyez certain qu'à vingt-et-un ans, dans l'esprit où je suis, je ferai un éclat, quand je devrais de moine me convertir en apôtre et sortir d'ici en mendiant, comme cela finira très certainement. »

Comme cela finira très certainement! N'y-a-t-il pas là un pressentiment auquel l'amènera son désespoir, plutôt qu'une résolution déterminée? Et à ce pressentiment, qui devint bientôt comme la certitude d'une nécessité inéluctable, s'ajouta aussi le soupçon d'être victime d'une sorte de censure domestique[1].

---

1. « Tu m'as répondu. Mais jamais je n'ai reçu de réponse depuis deux mois, et plus. Est-ce la faute de la poste, ou, comme je le soupçonne, d'une censure domestique nouvellement établie pour les lettres qui arrivent ici? Et cela parce qu'ils se sont aperçu, *cum horrore et tremore*, que je *eleuthera phronô peri tôn koinôn*. Tu m'engages à ne pas délaisser mes

Dans cet état d'excitation morbide, le pauvre malade, malade d'esprit autant que de corps, pensa à s'évader de la maison paternelle. Par l'entremise du comte Broglio, ami de sa famille, il s'était assuré d'un passe-port, avait préparé des lettres d'adieux pour son père et son frère Charles, et résolu le moyen de prendre dans la caisse paternelle l'argent nécessaire à son voyage. Peu de chose manquait à l'exécution du plan[1], mais il échoua, car Monaldo, en ayant eu connaissance, se fit envoyer le passe-port; il le montra à son fils, le mit dans un tiroir ouvert, et lui dit qu'il pouvait le prendre quand il lui plairait. Et tout fut dit[2].

Le comte Monaldo prit donc ou feignit de prendre d'un cœur léger une chose très grave. A la juger impartialement elle n'est certes pas à

études, mais depuis quatre mois j'ai dû les abandonner à cause de la faiblesse de mes yeux. Ma vie est épouvantable. A l'âge où d'ordinaire le tempérament se fortifie, moi je perds chaque jour un peu de mes forces, et mes facultés physiques baissent une à une. Je m'en console, parce qu'en me faisant désespérer de moi-même, et reconnaître que ma vie n'est plus bonne à rien, je n'ai pas à la ménager, et ne la ménagerai pas. Car vivre dans les conditions présentes et dans cet état de santé, je ne le veux pas, et je puis tenter de vivre autrement. Et le tenter comme je le puis, c'est-à-dire en désespoir de cause et à l'aveuglette, ne me coûtera pas, maintenant que mes premières illusions sur mon mérite, mes espérances en l'avenir, et sur le bien que je pouvais faire, se sont évanouies, et que plus rien ne vaut pour moi... (Cfr. *Épist.* I, page 208.)

1. Ceci se passait entre la fin de juillet et les premiers jours d'août 1819.

2. Cfr. G. Cugnoni. *Op. inéd. de G. L.* Il y a là toute la correspondance qui se rapporte à l'évasion tentée par Jacques.

la louange de celui qui la tenta, mais elle ne peut être regardée comme honorable pour le père et la mère qui furent cause de la résolution d'un tel acte. Il ne nous appartient pas de nous poser en moraliste en parlant de l'obéissance que doit un enfant encore mineur à la volonté de ses parents, et de l'indignité de soustraire furtivement de l'argent à la caisse paternelle, mais il nous est permis de déplorer que les parents de Jacques aient été assez aveugles, et même assez obstinés dans leur aveuglement, pour se refuser à comprendre les souffrances et les tortures de leur fils aîné, et faire que cet enfant, d'esprit si élevé et si délicat, s'abaissât à d'aussi indignes résolutions. L'histoire, sans l'excuser, déplore cet acte de désespoir. Mais nous ne pensons pas qu'elle ne doive avoir que regrets indulgents pour des parents nobles et riches qui ne donnaient à leur enfant débile, célèbre déjà malgré son jeune âge, d'autres aisances que celles de la maison et de la table, dont profitaient comme lui les maîtres et chapelains, les majordomes et autres parasites du service. S'ils ne voulaient pas lui laisser connaître le monde, comment ne surent-ils pas lui rendre du moins plus supportable, par des soins tendres et consolants, par une douce et confiante affection une demeure détestée [1]?

____

1. Il est juste de reconnaître que l'humeur de Jacques s'accommodait de plus en plus difficilement avec les principes d'éducation et de direction adoptés par ses parents. Dédai-

La lettre de Jacques à son père sur les préliminaires de son évasion, est pleine de confusion, et dans la douleur qu'elle exprime est l'amende honorable la plus entière d'une faute heureusement non consommée. Monaldo fit le silence sur cet égarement et en attribua la cause à une corruption de l'esprit, due à l'influence de Giordani. Mais nous savons que celui-ci, dès qu'il en eut connaissance, désapprouva nettement son ami, et lui adressa des conseils que son père lui-même n'aurait pu, ni su, trouver meilleurs[1].

gnant de demander quoique ce soit, et humilié de ne rien recevoir, il s'irritait intérieurement de ces privations continuelles; et dans le *crescendo* d'une exaltation maladive, il s'imaginait beaucoup plus dure qu'elle n'était, sa situation d'enfant en tutelle, obligé de vivre à Récanati. D'autre part les parents basaient leur refus de l'envoyer au loin, sur l'état de leurs finances (dont cependant ils ne laissaient jamais rien connaître aux enfants), sur leur crainte que Charles, le second fils, désireux lui aussi, d'une autre vie, n'émît les mêmes prétentions; et sur leur persuasion que rien ne convenait mieux à la santé de Jacques que de vivre dans la famille avec un confort relatif. Enfin ils redoutaient les *idées de siècle* qu'ils voyaient faire du chemin dans l'esprit de Jacques, et ils ne voulaient pas qu'elles pussent le conquérir entièrement. Et comme ce dernier motif était le plus caché, il était probablement aussi l'un des plus puissants.

1. « Je tiens pour un grand bonheur que ton triste projet ait été déjoué. Je ne te blâme point d'en avoir eu l'idée, mais j'estime comme un bien, ou comme un moindre mal que tu n'aies pu l'exécuter. Ne crois pas, cher ami, que je ne comprenne point ta douloureuse situation, sache que j'ai souffert autant, et peut-être plus que toi : plus dans la santé, plus dans l'assujettissement domestique, plus dans les tourments de l'âme. Mais raisonnons un peu, posément, et tu verras que tu allais à une condition pire. Il te manque, dis-tu, une connaissance matérielle du monde, et le moyen de te faire mieux connaître. Mais tu es déjà connu, même bien connu, et en bien peu

Et Jacques aussitôt après, dans une lettre qu'il écrivit au comte de Broglio, regrettait de voir que d'autres avaient été rendus responsables de son projet (il faisait évidemment allusion à Giordani) [1],

d'années; et ce qui vaut mieux, tu as, en intelligence et en science, ce que dans toute l'Italie ont un très petit nombre. Tu as les aisances de la vie matérielle, chose très importante pour un tempérament délicat; tu as des moyens suffisants pour occuper ton esprit; et l'espoir de la gloire ne t'est point ôté. Vois, combien il te reste de motifs de vivre, et le temps ne manquera pas de t'apporter d'autres faveurs. Au contraire, pourquoi te confier ainsi au hasard, avec une santé si délicate, sans un but certain, sans moyens assurés? et dans un siècle le plus égoïste qui fût jamais? En qui pourrais-tu espérer, et quoi? Je comprends tout ce que tu dois souffrir chez toi; ma propre expérience m'en donne la mesure. Ta condition n'est pas heureuse, mais un peu de philosophie la fait supporter. Imagine que tu es prisonnier, mais que la prison est claire et salubre, avec bon lit, bonne table, et beaucoup de livres. Mon Dieu! c'est encore un mal moins grand que de ne savoir où manger et où dormir. Et qui sait! peut-être qu'un jour ton père cédera. Si je connaissais le saint qui pût opérer ce miracle, certainement je l'invoquerais. »

1. Ce qui me peine par-dessus tout, c'est de penser qu'on attribue une résolution que j'avais prise depuis longtemps, à des hommes de lettres que je ne connais que depuis peu. Je vous jure par tout ce qu'il y a de plus sacré, si cela m'est permis en cette circonstance, que jamais aucun d'eux n'a songé à me donner ce conseil. Je suis même certain que si je leur avais fait part de ma détermination, ils m'en auraient dissuadé de toutes leurs forces. J'offre à mon père de lui faire lire une à une toutes les lettres qu'ils m'ont écrites... Mon père croit-il qu'avec un caractère ardent et un cœur sensible tel que le mien, il ne me soit jamais arrivé d'éprouver les désirs et les sentiments qu'éprouvent tous les jeunes gens de la terre? Et même bien plus souvent, et plus fortement que les autres? Croit-il qu'ils n'étaient point capables de me pousser aux plus extrêmes résolutions? Croit-il que si j'ai mené jusqu'ici une vie dont ne s'accommoderait point un capucin de soixante-dix ans, dans toute la rigueur de l'expression (et j'en appelle à tout Récanati et à mon père lui-même), cela tient à la froideur de ma nature? Je me demande si c'est là la

tandis qu'il n'était que la conséquence spontanée et fatale de la vie de douleur à laquelle il se voyait condamné. Cette douleur l'étreignit si cruellement pendant cette triste année 1819, que jamais peut-être plaintes si désespérées ne sortirent de sa plume. Deux lettres mémorables en sont un témoignage. Celle à Giordani du 19 novembre est un cri déchirant : « Je suis si accablé du néant qui m'entoure que je ne sais comment j'ai la force de prendre la plume pour répondre à ta lettre du 1er. Si je devenais fou en ce moment, ma folie je crois, serait de rester l'œil atone, la bouche ouverte, les mains sur les genoux, sans un sourire ou une larme, et sans me mouvoir

récompense que je devais attendre; et s'il est un autre père à Récanati, dans des conditions autrement difficiles que les siennes, qui n'aurait fait tous les efforts possibles pour procurer à un fils donnant comme moi des espérances, ce qui semblait naturel et nécessaire à tous ceux qui me connaissent, excepté à mon père. Je demande si les Galomini, si les Giaccherini, et tant d'autres comme eux, qui eurent à seize ans plus de liberté que je n'en ai à vingt-et-un, valent mieux que moi. Je demande si j'ai perdu le meilleur de ma jeunesse, en déployant un labeur et d'incroyables efforts, en fuyant toutes les distractions, en perdant absolument et à jamais ma santé par le travail, pour ne vivre qu'à Récanati et acquérir ce qu'acquièrent tous mes compatriotes, je demande si après un tel labeur et de telles peines, je ne dois former sur mon avenir d'autre espérance que celle qui reste aux Galamini et aux Giaccherini, libres de leur jeunesse, comme on le sait. Et parce que mon père, haïssant toute idée qui sort de l'ordinaire, se repent de m'avoir laissé étudier, se plaint que le Ciel ne m'ait point créé taupe, et ne m'accorde rien de particulier en aucun genre, me refuse même ce que tous les pères, en n'importe quel pays, se font un devoir d'accorder à des enfants qui manifestent une simple lueur d'intelligence, et qu'il veut fermement que je vive et meure comme ses aïeux, autrement que par force, du lieu où je me trouve. Je n'ai plus le courage de concevoir aucun désir, même celui de la mort. Non que je la redoute en aucune manière, mais je ne vois plus de différence entre la mort et ma vie, que rien ne vient consoler, pas même la douleur. Pour la première fois l'ennui non seulement m'accable, mais il me déchire et me brise comme ferait une douleur très vive. Et je suis si épouvanté du néant de tout, et de la condition des hommes quand tous leurs désirs sont morts, comme ils sont morts en moi, que ma raison se perd en considérant que mon désespoir même n'est que néant. »

L'autre lettre, adressée à Stella le printemps

ferais-je acte de rébellion en ne me soumettant point à cette loi? Si vous ne croyez pas que mon père ait sur moi les intentions que je lui prête, assurez-vous que la chose est bien telle. S'il vous la présente autrement, croyez-moi, il vous trompe comme il trompe les autres. Croyez qu'un enfant, bien que jeune, connaît parfaitement le caractère des personnes avec lesquelles il vit depuis sa naissance; et je suis sûr qu'il a juré que nous ne sortirions point d'ici tant qu'il vivra. Or, je veux qu'il vive, et je veux vivre aussi, mais en homme, non en vieillard inutile à tous et à moi-même. Je me jetterai donc désespérément dans les bras de la fortune, et si elle m'est contraire, ce dont je ne doute guère, ce ne sera qu'un homme perdu de plus, et le millionième exemple de la méchanceté humaine.

Ajoutez les mortelles et infinies tristesses qui tiennent à mon caractère et à la vie que je suis contraint d'avoir, minent ma santé de telle sorte que, quel que soit le mal qui survient, il ne me quitte plus, tant il a de puissance sur un esprit tourmenté et concentré dans sa tristesse, et sur un corps débile et usé. A cela, chacun voit qu'on ne peut apporter d'autre remède que des distractions puissantes, capables de faire contracter à l'esprit une habitude différente de l'ancienne. » (Cfr. *Epist.*, I, pages 224-25.)

suivant, est une plainte amère : « Ayant commencé à penser et à souffrir dès l'enfance, à vingtet-un ans j'ai épuisé la somme des souffrances d'une longue vie. Et je suis extrêmement vieux, décrépit même, car le sentiment et l'enthousiasme qui entretenaient en moi la vie, se sont éteints de manière que j'en reste terrifié. Il est temps de mourir, il est temps de céder au destin, chose la plus douloureuse qui soit pour l'homme jeune, habituellement plein d'heureuses espérances, mais seule satisfaction qui reste à celui qui après avoir longuement lutté, s'aperçoit enfin qu'il est né avec l'exécrable et indélébile malédiction du destin. »

Au milieu de cette désolation, les lettres de douce consolation de sa tante Ferdinande, et la riante poésie, apportaient à son cœur ulcéré quelques instants de réconfort. Les spectacles variés de la nature faisaient vibrer l'âme sensible de Jacques, et dans ses tristes veilles ou dans ses promenades solitaires, lui parlaient une langue secrète à laquelle il répondait par des désirs et des regrets, dans l'abandon entier de son cœur. Alors la lune, le vent, la colline, la forêt, la haie, devenaient les témoins aimés, les confidents jaloux de ses douloureuses méditations ; et cette union de son esprit à la grande nature, procurait à l'infortuné un allègement passager.

Peintre toujours sincère de ses impressions, il décrivit avec une fidélité remarquable, en prose et en vers, les troubles de son âme, ses entretiens avec la nature, et représenta dans leur réalité, les lieux et les circonstances extérieures. En mars 1820 il écrivait à Giordani : « Un de ces derniers soirs, au moment de me coucher, la fenêtre de ma chambre était ouverte; et pendant que je regardais le ciel pur et le beau clair de lune, que je sentais la douceur de l'air, et entendais des chiens aboyer au loin, certains tableaux antiques se retraçaient en mon souvenir, et il me parut qu'une voix s'élevait dans mon cœur. Alors je me mis à crier comme un dément, en demandant miséricorde à la nature, m'imaginant que j'entendais sa voix après tant d'années. »

Cet hymne de l'âme dut être l'inspirateur de ses *Idylles* qu'il date cependant de 1819, lorsqu'il les publia sous ce titre pour la première fois, en 1825 et 1826, dans le nouveau *Ricoglitore* de Milan. Sans parler du trente-huitième fragment qui en faisait partie, et qui tient plutôt du genre pastoral, on compte cinq Idylles : *L'infinito, Alla Luna, Il sogno, La Vita solitaria, La Sera del di di festa.* Mais il faut ajouter à ce nombre *Il Passero solitario,* qui ne fut publié que dans l'édition de Naples, et avait d'abord été réuni aux Idylles.

Dans leur ensemble ces jolies compositions (le Songe excepté) représentent avec une singulière vérité topographique et psychologique, les impressions qu'à certains moments, la vue de la nature éveillait dans le cœur du poète. Le Passe-

reau solitaire, auquel il s'est assimilé et qui lui
fournit de jolies peintures pour montrer la tristesse de son âme isolée, n'est pas une fiction
poétique. Ce passereau, dit Mestica, vivait réellement dans la tour ou dans le clocher d'une église
de Récanati, l'église Saint-Augustin[1]. La *colline
déserte*, et la *haie* étaient bien telles qu'il les
décrit dans *l'Infini*[2]. De même le *col* et la *forêt*
dans l'idylle *A la lune;* de même aussi le « *tertre,
sur les bords d'un lac couronné de sombres plantes,*

1. Cfr. G. Mestica. *Le réalisme dans la poésie de G. Léopardi.*
Nouvelle anthologie.

2. Le professeur L. Pierretti écrivait, dans le *Corriere della
Sera*, 1883, (n° 266) :

« La colline déserte est une extrémité surélevée et en saillie, de
la vaste chaîne de collines sur laquelle s'étend la *longue* Récanati.
Les gens du pays lui donnent le nom de Mont-Thabor, et dans
leur dialecte, *Montetaborro.* Maintenant que le sommet en
est percé, on y a établi une sorte de passage public, mais au
temps de Léopardi (où nos petites cités des Marches avaient
les coutumes et l'aspect de places fortes du moyen âge), la
colline s'abaissait en une pente raide, toute couverte de plantes
sauvages et de broussailles, jusqu'au fond de la large et verte
vallée du Potenza. Un mauvais petit mur noir fort ancien, qui
enfermait le jardin du monastère de San Stefano, en contour-
nait le sommet (et le contourne encore). Encaissé entre le
petit mur et une haie d'arbustes sauvages, un sentier suivait
ce sommet. mais si étroit que deux personnes venant à s'y
rencontrer n'auraient passé qu'avec peine, chose qui d'ailleurs
arrivait rarement, ce lieu étant alors très désert. Et comme la
haie d'arbustes sauvages, totalement négligée des hommes, était
très épaisse et très haute, et que le sentier, tous les quelques
pas, suivait de tout près la courbe du petit mur, il arrivait
qu'en longeant ce sentier, ou en s'asseyant sur le rebord du
petit mur comme Léopardi, on ne voyait que le ciel et la haie.
Les contemporains du poète, à Récanati, se rappellent encore
aujourd'hui qu'il avait coutume de se promener le soir, seul
et rêveur, sur cette hauteur, tandis qu'en face le soleil descen-
dait sur l'Apennin. » Cfr. C. Antona Traversa. *Studi ou L. S.*

> ... rialto, al margine d'un lago
> Di taciturne piante incoronato.

de la *Vie solitaire*. Dans le *Songe*, imitation de Pétrarque, revit le tendre souvenir de Teresa Fattorini que le poète se plaît à représenter ici dans un rêve de piété et d'amour, comme avait fait Pétrarque après la mort de Laure [1].

Ces poésies, dans la variété de la conception et des circonstances, représentent un même moment psychologique; une note commune en forme comme le motif fondamental. Cette note est un sentiment de douleur calme, apaisée, presque résignée, parce qu'il est tempéré par les doux fluides que la sereine nature répandait autour du poète, par l'émoi de souvenirs tendres, d'illusions qui sans être un réconfort pour l'avenir, le ramenaient du moins vers le passé. Il s'abandonnait alors à une vague méditation sur ses souffrances, et se laissait bercer par le murmure du vent, le gazouillement de l'oiseau, par la mer qui ondoie devant lui, par un rayon de soleil ou un clair de lune naguère exécrés quand à son regard ils offraient des *umani aspetti* [2]. Parcourant des yeux le libre espace, il va seul dans la campagne chercher le coin désert, différant tout plaisir et toute distraction [3]. Parfois il s'arrête et contemple, et

---

1. Cfr. L. Pieretti. *Un incroyable plagiat de G. Léop.* (dans le *Pungolo* du dimanche 21 octobre 1883.)
2. Cfr. *La vie solitaire*.
3. Cfr. *Le Passereau solitaire.*

sa pensée lui représente *de mystérieux silences,* une *paix profonde,* et dans l'immensité de ces choses sans fin qu'il a devant lui et en lui, elle *s'égare,* et cet égarement dans l'infini lui est une source de douceur. « E il naufragar m'é dolce in questo mare[1]. »

D'autres fois, se sentant comme accablé devant le silence de la nature, il s'arrête troublé, oublie le monde et sa propre existence[2]. En un mot, dans la diversité des aspects de la nature, toujours se manifeste la même disposition du poète à se perdre et à s'oublier dans les profondeurs de l'infini.

Dans ces moments de relatif apaisement, l'esprit du poète s'ouvre encore au rêve, sourit à un faible rayon d'espérance, et peu à peu se dissipent les épaisses ténèbres qui d'ordinaire l'enveloppent. Alors, en écrivant à Giordani malade à son tour moralement, il cherche à le réconforter, et lui avoue que *redevenu enfant,* il *se repaît de vaines images,* et ne considère plus les *illusions comme un pur néant, mais comme des choses ayant corps, en quelque sorte[3].* Ce n'était cependant que de passagères accalmies auxquelles les circonstances présentes l'arrachaient peu à peu, et toujours avec de nouveaux motifs de tourment.

Pendant qu'il s'entendait avec l'avocat Brighenti

1. Cfr. *L'Infini.*
2. *La vie solitaire.*
3. Cfr. *Epist.* I, page 279.

de Bologne au sujet de la réimpression en projet de ses Canzoni, avec adjonction de trois autres, notamment une à *Angelo Mai,* et *Nello Strazio di una giovane,* qui resta inédite, la méfiance et les préjugés de son père s'interposèrent et firent tout manquer. L'approbation que les esprits libéraux avaient donnée aux deux premières publiées l'année précédente, était une raison pour que Monaldo *si pelasse per la paura*[1], il n'en voulut donc pas une édition nouvelle, et Jacques se voyant dans l'impossibilité de réunir la somme nécessaire pour l'impression, de guerre lasse abandonna l'affaire. Dans une lettre à Brighenti, de février 1820, Monaldo avait accusé les amis de Jacques d'exercer sur son esprit de mauvaises influences; dans celle du 3 avril il se plaint plus ouvertement de Giordani qui aurait, pendant son séjour à Récanati, *surexcité l'imagination* de ses enfants et mis Jacques en correspondance *avec beaucoup d'hommes de lettres italiens* dont quelques-uns étaient des *esprits dangereux* ou *inquiétants*[2]. Brighenti eut beau lui représenter la droi-

---

1. Ainsi s'exprime Charles Léopardi. (Cfr. *Epist.,* III, page 431).

2. Il est bon de donner les noms des personnes avec qui, directement ou indirectement, Jacques Léopardi fut mis en relation par Giordani, afin qu'il soit fait justice de cette accusation gratuite de Monaldo. Les voici : *Dionigi Strocchi, Andréa Mustoxidi, Francesco Reina, Carlo Rosmini,* le marquis *Angeletti* de Bologne, le comte *Trissino* de Vicence, *Giuseppe Mezzofanti, Giulio Perticari, Giovanni Marchetti, Bartolome- Borghesi,* l'abbé *Peyron, Giuseppe Grassi,* et, c'est ici le scandale, assurément, *G. B. Niccolini,* et *Giuseppe Montani!* Cfr. *Epist.* III.)

ture des intentions de Jacques, ses sentiments élévés, sa délicate sensibilité, et lui laisser entendre qu'il fallait d'autres moyens pour gagner son cœur, Monaldo, avant même de recevoir cette réponse de Brighenti, lui écrivait une autre lettre déclarant qu'il ne pouvait absolument pas autoriser la réimpression des deux canzone sur l'Italie et sur Dante. « Les temps ne le permettent point, et le moment présent moins encore. » Et il lui demande de vouloir bien tourner l'ardeur laborieuse de son enfant sur d'autres sujets, de préférence érudits, puis il termine par ces mots significatifs : « Suggérez lui un travail long et en même temps peu dispendieux... En un mot enthousiasmez-le, enflammez-le pour une occupation digne d'un chevalier chrétien, et vous m'aurez rendu un service inappréciable; peut-être même m'aurez-vous rendu le cœur de mon enfant. » Un esprit impartial doit reconnaître dans ces mots trois pénibles vérités : la première, que le comte Monaldo ne se mettait point fort en peine du mal que pourraient faire à Jacques dans l'état de santé que nous savons, un *long travail*, pourvu qu'il le détourne *des inepties* (les chants patriotiques), qui ne mènent à aucun résultat, ni à *la renommée;* la seconde, qu'il ne voulait pas dépenser d'argent pour l'envoyer un temps plus ou moins long hors de Récanati, ni satisfaire son noble désir de se faire connaître dans le monde par la publication d'œuvres qui étaient déjà des chefs-d'œuvre, tandis qu'il en aurait dépensé volontiers pour d'autres qui eussent répondu à ses propres idées politiques et religieuses [1]; la troisième qu'il mettait sa réconciliation et son affection comme prix du renoncement que l'enfant devait faire de ses propres idées patriotiques et morales.

Le malheureux Jacques ne paraît pas cette fois avoir cédé à la colère, et avec une noble fermeté il préféra renoncer à la publication de ses canzone plutôt qu'à ses idées. « Quant aux soupçons de mon père — écrivait-il à Brighenti le 21 avril — je réponds que comme je serai toujours ce qu'il me plaira d'être, je veux de même, paraître aux autres ce que je suis. Et je suis sûr de n'être point contraint d'agir autrement, à peu près par la même raison qui faisait que Caton à Utique était sûr de sa liberté ». Paroles vraiment magnanimes qui témoignent de son amour de la sincérité, cette vertu des héros, comme disait Carlyle.

Placé entre cette constante fermeté de l'enfant et cette résistance du père, l'obligeant Brighenti crut devoir mettre à profit la circonstance pour essayer d'obtenir que Jacques quittât Récanati. Le 22 avril il écrit donc à Monaldo : « Vous désirez

1. A remarquer qu'en cette année 1820, le 10 février précisément, l'interdiction légale du comte Monaldo avait cessé, et qu'à cette occasion il s'était déclaré disposé à faire une dépense de quelque importance. Il chercha même à faire entendre à son fils que s'il voulait penser et écrire dans sa manière à lui, il serait tout prêt à se charger des frais.

en outre, que je lui conseille un ouvrage de quelque importance, et je partagerais cet avis très sage, qu'il est bon de le diriger vers des choses vraiment utiles. Mais, monsieur, je ne suis point un lettré, et je saurais d'autant moins conseiller un ouvrage que je ne connais pas même de quelles études s'occupe particulièrement votre fils Jacques. D'ailleurs ces questions étant de celles qu'on traite mieux de vive voix que par écrit, je me permettrai de vous proposer de laisser faire à votre fils un petit voyage, à Bologne par exemple, car lorsqu'il connaîtra les travaux de nos hommes de lettres, et sera entré en relations avec l'abbé Mezzofanti[1] et d'autres très connus par leur science et leur méthode, peut-être serait-il incité à des ouvrages classiques qui lui vaudraient une grande réputation. »

Brighenti n'eut pas de réponse à cette lettre. Mais ayant sollicité le comte par une brève missive le 17 mai, il en reçut une datée du 27 mai, commençant par ces mots : « Je vois que ce que je craignais est arrivé : ma lettre s'est égarée. » Mais pas un mot sur le petit voyage proposé à Jacques. Monaldo faisait là-dessus la sourde oreille. En revanche il blâmait plus sévèrement son fils : « J'avais désapprouvé ses chants sur l'Italie et sur Dante, et défendu qu'il publiât celui

---

1. Il était un de ces esprits *dangereux ou inquiétants*, que redoutait Monaldo. Qu'aurait pensé de cela le doux polyglotte ?

sur la jeune morte. Il devait respecter mon jugement et mes ordres ; ses tentatives furent une
faute. » Paroles d'une excessive sévérité, et injustes
aussi, car Jacques, loin de vouloir publier ces canzone malgré son père, avait d'abord écrit à Brighenti : « Je réfléchis que je ne puis publier la
canzone *nello strazio...* contre le désir de mon
père, et encore moins avec son argent. » Et un
mois avant il avait déclaré qu'il renonçait désormais à la publication des cinq canzone[1]. »

En fin de compte il se contenta de publier
celle à Angelo Mai avec une dédicace au comte
Léonard Trissino. En même temps on entretenait
ses espérances d'un emploi : une chaire au Lycée
de Lodi proposée par Giordani, une chaire d'éloquence à Bologne conseillée par Brighenti. Tentatives vaines ; aucun projet ne réussit à Léopardi
durant cette année, pas même celui de traduire
l'Anabase de Xénophon pour l'éditeur milanais
G. B. Sonzogno auquel il en avait fait la proposition vers la fin de novembre. L'année 1820 se
passa de même. Citons les propres paroles de

1. Cfr. *Epist.* 1. Quand Brighenti lui eut appris que son
père s'était plaint à lui, du *séducteur scélérat,* qui, *sous le
couvert de la courtoisie et de l'amitié, était venu semer la dis-
corde dans une famille tranquille,* Jacques lui répondit avec
une tristesse calme : « L'homme dont se plaint mon père, je
n'ose même pas le nommer, tant j'ai pour lui de respect et
d'affection. Si mon père désirait que ses enfants fussent
contents de leur sort, il devait leur donner une autre nature,
et il ne devrait pas imputer maintenant, à des personnes res-
pectables et renommées dans toute l'Italie, ce qui est une
nécessité des choses, évidente à tous, excepté à lui seul. »

F. De Sanctis à ce sujet : « Si les ennuis n'étaient pas épargnés au pauvre Léopardi, sa santé heureusement s'améliorait. On le voit par sa lettre du 30 juin à Giordani où il parle de sa maladie comme d'une chose oubliée depuis plusieurs mois; j'en citerai quelques passages qui renseigneront sur l'état de sa santé et sur ses occupations : « Ma pauvre tête a repris assez de force pour pouvoir de temps à autre supporter de s'appliquer à quelque chose, tandis que depuis plus d'un an elle ne pouvait donner la moindre attention à quoique ce soit[1]. » — « J'ai pu ces derniers mois fixer de temps en temps mon esprit, et écrire différentes choses, mais toutes informes[2]. » — « Je suis tout à fait bien physiquement, et après une résistance très longue et très dure, mon esprit s'est enfin apaisé et soumis au destin. Je voudrais ne pas vivre, mais puisqu'il le faut, que sert de se révolter contre la nécessité? Elle ne sera vaincue que par la mort[3]. » — « Si je me ris des hommes et de mes misères, auxquelles je m'accoutume, ce n'est pas que mon sourire provienne de l'espérance; il ne vient pas davantage de la souffrance, mais plutôt de l'indifférence, ultime refuge des malheureux que la fatalité a vaincus... Ma santé, sans être bonne, est supportable, et telle que sous ce rapport, je ne devrais pas désespérer de

1. A. Trissino, 13 octobre 1820.
2. A Giordani, 20 octobre.
3. A Giordani, 5 janvier 1821.

vivre pour quelque but. Je lis et écris lentement, tant bien que mal. Tout le reste du temps je l'emploie à penser et à rire en moi-même[1]. » — « Mes douleurs n'ont point disparu mais elles s'atténuent[2]. » Évidemment Léopardi était en convalescence, et s'il ne pouvait encore s'appliquer longuement parce que « sa tête était encore trop faible », il pouvait *lentement* étudier et écrire. Son esprit aussi s'était apaisé, sa souffrance, par la force de l'habitude, devenait chronique, et il acquérait cette sage tolérance de la souffrance des autres et de la sienne qui s'exprime par un sourire et qu'il appelle indifférence. Il pensait et souriait[3]. »

Il ne souriait pas toujours cependant. Entre son père et lui (du côté de sa mère, hélas ! nul éclair, nul accent de tendresse ne ressortent de la longue correspondance léopardienne) la divergence d'idées, de caractère, d'humeur, se faisait toujours plus profonde, et chez l'un comme chez l'autre l'amertume croissait en proportion. Bornons-nous à rappeler sa lettre à Stella du 26 février 1821[4], et mieux encore celle à Perticari un mois après, où il s'épanche ainsi : « Le sort m'a condamné à une vie sans jeunesse, ayant passé de l'enfance à la vieillesse, même à la décrépitude,

<hr>

1. A Giordani, 18 juin.
2. A Giordani, 13 juillet.
3. F. de Sanctis. *Étude sur Jacques Léopardi.* Naples, Morano 1885.
4. Cfr. *Epist.* I, page 319.

du corps comme de l'esprit, et depuis longtemps j'ai perdu l'espérance que je gardai quelques années. Ma vie extérieure comme ma vie intérieure, si on pouvait se la représenter, glacerait les hommes d'effroi. Et mes parents qui voient que je me ronge et me consume dans cette prison, et que vivant à jamais dans un pays où les lettres sont ignorées même de nom, je ne pourrais obtenir, eussé-je le génie de Dante et la sagesse de Salomon, la moindre part d'un renom qu'obtiennent les plus nuls, mes parents sont cependant irrévocablement résolus à ne me laisser sortir d'ici que si je trouve des ressources me permettant de vivre par moi-même. »

Ses parents ne l'empêchaient donc plus de trouver un emploi, mais ils ne voulaient lui venir en aide d'aucune manière[1], ce qui pour lui équivalait à le retenir de force, et désolé, il écrivait à G. Perticari : « Je réponds à votre bonne et charitable invite que, hormis ce cas d'un emploi rétribué, je ne verrai jamais ni ciel ni terre qui ne soient récanatais, avant l'événement que la nature commande que je craigne, et qui d'ailleurs, suivant l'ordre

---

1. Voici ce qu'il écrivait au cardinal Mai : « Mes parents ont toujours été, et sont toujours fermement décidés à pas ne me laisser partir à moins que je ne trouve une situation qui me fasse vivre. » Et un peu après à l'abbé Cancellieri : « Soit qu'il ne le puisse, soit qu'il ne le veuille, mon père est absolument déterminé à ne pas m'entretenir hors d'ici à ses frais. » (Cfr. *Epist.* I, page 331.)

naturel, arrivera au temps de ma vieillesse, je veux dire la mort de mon père. En tout ce qui me touche il n'a d'autre souci que de me laisser vivre dans cette demeure où je passe les jours, les mois, les années à compter les coups de l'horloge. »

En attendant il faisait des démarches pour obtenir la place vacante de professeur de langue latine à la Bibliothèque Vaticane et se recommandait au bon vouloir de G. Perticari, au cardinal Mai, à l'abbé Cancellieri, à sa tante Ferdinande Melchiorri. Après de nombreuses tentatives, Giordani abandonna l'affaire en désespoir de cause, et finit par conseiller à Jacques d'entrer dans les ordres, suivant le désir des siens[1].

Cette honorable cause trouva des alliés au sein même de sa famille. Sa tante Ferdinande[2], sœur

1. J'ai examiné et médité ce désir de ta famille de te voir prêtre. Et tout bien considéré, je crois que pour ton bien et pour le bien général, ce parti n'est point à rejeter. Il serait trop long d'en discuter toutes les raisons, et surtout de les écrire. Mais sois assuré que cet avis te vient d'un homme qui dans son estime, son affection et son admiration pour toi, ne peut être ni dépassé, ni même égalé, et qui, en outre, a considéré attentivement les circonstances présentes. Si ce conseil ne t'agrée point, pardonne-moi je t'en prie, et impute-le à mon affection et à un zèle excessif. Je m'imagine que si tu acquiesçais à ce parti, tu pourrais obtenir d'aller à Rome. » (Cfr. *Epist.* III, page 189.)

2. Madame Thérèse Teja Léopardi a écrit là-dessus ce qui suit :

« Sa tendresse pour Jacques lui fit dépasser les limites d'une prudente intervention entre lui et ses parents. J'en sais long sur ces querelles intimes... au temps où l'excellente femme luttait pour obtenir qu'il allât à Rome où elle habitait. »

de Monaldo, s'y employa avec un zèle persévérant, mais elle mourut avant de pouvoir atteindre un résultat. Continuant ses bons offices avec plus d'énergie encore, Charles Antici frère de sa mère, obtint enfin d'emmener Jacques avec lui. Le 20 novembre 1822, tous deux partirent donc pour Rome.

Une période de quinze années de vie errante, sans trêve et sans réconfort, va s'ouvrir pour Jacques Léopardi. Déjà de Spolète il écrit à son père, et de Rome à sa mère avec une effusion et une gaîté inacoutumées. Mais à son frère Charles, son confident, deux jours seulement après son arrivée à Rome, il écrit ces paroles de découragement : « Sache mon Charles que durant mon voyage j'ai supporté ce que chacun supporte en voyage... Ce qui n'empêche que pendant le trajet je n'aie joui et bien joui que de ce que j'ai souffert, de cette insouciance de moi-même, de ce continuel changement d'habitudes si opposées aux miennes. Il me restait toutefois ce petit brin d'espérance qui sans enflammer, ni même réjouir, suffit néanmoins pour supporter la vie. Mais au point où j'en suis arrivé... je t'assure, mon Charles, que la patience et la confiance en moi, qu'une très longue expérience m'avait fait croire

Querelles de famille où l'histoire littéraire n'a rien à voir, mais qui firent que des critiques prenant parti, diminuèrent l'importance du livre de la veuve de Charles Léopardi. On ne voit pas, cependant, pourquoi ces détails, qui paraissent vraisemblables, ne seraient pas crus.

sans bornes, n'ont pas été seulement lassées, mais détruites[1].

Le noir souci poursuivait donc partout l'infortuné poète qui pourtant était heureux de changer de vie, bien que sachant ne pouvoir lui-même changer. Et en changeant de vie il jette au sombre passé et à l'avenir déçu, le blasphème de son *Brutus;* il laisse à sa famille un *Chant* imité de Pindare. — *Pour le mariage de ma sœur Pauline*[2], et à son propre cœur inutilement épris, les lugubres rêves de son *Gonzalve.* Chants qui seront publiés dans la suite. En même temps il donne à l'Italie ses derniers travaux d'érudition : *Annotations* sur Philon d'Alexandrie, *Notes sur la République de Ciceron, Annotations sur la Chronique d'Eusèbe.* Et il portait en lui ses *projets littéraires*[3], et l'implacable destin qui les lui brisa.

1. Cfr. *Epist.* I, page 360.

2. Le mariage de Pauline pour laquelle on entama bien des pourparlers, et toujours sans résultat, était alors décidé avec M. Péroli di S. Angelo in Vado. Mais le poète le chanta en vain.

3. Cfr. Cugnoni. *Op. inéd.* A remarquer le projet d'un écrit sur les langues, dont il est parlé dans *l'Epist.* I.

CHAPITRE III

PÉRÉGRINATIONS ET SOUFFRANCES
DU POÈTE

La détestable opinion qu'avait Léopardi de
Récanati et de ses habitants, fit qu'il se trouva
déçu dans l'impression qu'il attendait de Rome.
Peu de jours après son arrivée il écrivait déjà
à son frère que les femmes romaines le *révol-
taient* et que les hommes lui inspiraient à la fois
de la colère et de la pitié. A son père, auquel il ne
voulait pas laisser voir son regret du voyage entrepris, il avouait avoir trouvé à Rome, plus de

sottise, de *fatuité* et de *nullité* qu'il ne s'y attendait. Et à sa sœur Pauline il affirmait que le *récanatais le plus épais, avait plus de bon sens que le plus sage et le plus sérieux des romains*[1].

La sévérité de ce premier jugement ne s'atténua point à leur contact. Les lettrés qu'il connut, lui ôtaient — disait-il — l'envie de connaître les autres. « Quant à la philosophie, la morale, la politique, la science du cœur humain, l'éloquence, la poésie, la philologie, tout cela est inconnu à Rome, *letamaio*[2] de la littérature et de l'éducation, où seules les sottises sont recherchées. » Les spectacles lui paraissent plus insipides que ceux de Récanati. Cependant la danse le frappe, et dans ses lettres à Charles il en parle en termes enthousiastes. C'était la première fois que les deux frères se trouvaient séparés, et leurs lettres montrent avec quelle confiance ils échangeaient leurs pensées et leurs sentiments. La réserve sévère qui était imposée par les habitudes de la famille, les amenait en revanche à une liberté d'expression dans leurs entretiens et dans leurs lettres; Pauline elle-même en prenait sa part.

Jacques se distrayait donc à Rome. S'il n'en avait point de plaisir, il ne paraît pas du moins avoir souffert de ses infirmités physiques. Les visites et les connaissances qu'il faisait peu à peu,

1. Cfr. *Epist.* 1, page 364 et suivantes.
2. Bas-fond.

les spectacles, les monuments, les recherches dans les bibliothèques, remplissaient amplement ses journées. Mais indépendamment des circonstances extérieures et de l'état de sa santé, qui ne lui permettaient pas de mener la vie de la jeunesse dorée, il portait dès lors en lui et avec lui, un esprit de contradiction qui lui faisait nier toute possibilité de bonheur dans la vie. Et il en fait une démonstration spécieuse dans une lettre de janvier 1823, à sa sœur Pauline. Un pareil état d'esprit explique comment avec sa noble intelligence, Jacques n'eut pour la Rome éternelle une seule pensée qui ne fût méprisante. L'étendue des voies et des places, la somptuosité des maisons, la majesté des monuments et la grandeur des souvenirs qui s'y rattachent, n'éveillent en lui ni un mouvement de curiosité, ni une manifestation d'admiration. Et le grand poète des classiques conzoni *All'Italia* et *per le nozze delle sorella Paolina*, le poète du *Bruto minore*, n'eût pendant quatre mois de séjour à Rome, dans aucune de ses lettres, un mot pour les *romane inclite mura!*

La seule chose qui l'émut, ce fut le tombeau du Tasse, par le contraste de sa simplicité avec la magnificence de la ville, et plus encore sans doute, par le souvenir d'infortunes et de tourments dont en son cœur il sentait le rapprochement. Les rappels de la douleur touchent aisément celui qui souffre.

Si les Léopardi s'étaient résignés à envoyer

Jacques à Rome pour le distraire, il y était allé lui, avec la résolution délibérée de se faire connaître et de se procurer un emploi. Mais il ne semble pas qu'il ait trouvé chez les doctes romains l'accueil qu'il attendait et que l'enthousiasme de Giordani devait lui avoir fait espérer. En revanche il reçut des témoignages flatteurs des étrangers, admirateurs de sa science philologique. Parmi ceux-ci le célèbre historien Niebhur, alors ministre de Prusse à la Cour pontificale, lui fut particulièrement attaché. Bien que sur le point de retourner dans son pays, il mit cependant tout en œuvre pour faire obtenir à Jacques un emploi lui donnant de quoi vivre hors de Récanati. Mais soit que Jacques ne se prêtât pas à revêtir l'habit ecclésiastique, soit à cause des idées manifestées dans ses premiers Chants, les démarches tentées pour une charge à la cour de Rome demeurèrent vaines, et vaines aussi celles pour la place de chancelier du Cens à Rimini, à Urbin ou ailleurs. Dans son découragement l'infortuné Jacques rêvait de projets plus hardis, quoique plus modestes, comme de partir avec un étranger, anglais, allemand, ou russe, et il s'enflammait même pour cette idée assez bizarre. En se représentant son physique, sa santé, son désir d'absolue liberté et d'indépendance, on ne comprend guère, en effet, un Léopardi professeur à Londres, à Berlin, encore moins à Saint-Pétersbourg! Mais il est certain qu'alors, il se serait arrangé de n'importe quel emploi dans n'importe quel pays, plutôt que de retourner à Récanati. Et lorsqu'il y revint, il caressait encore cette idée que Giordani, avec peu d'opportunité, encourageait de son approbation.

D'autres tentatives échouèrent de même avec l'éditeur De Romanis, pour une traduction de Platon que Monaldo finit par lui déconseiller, craignant qu'il y trouvât le prétexte de rester à Rome. Et Jacques voyant tomber toutes ses espérances de vivre hors de Récanati, y revint le 3 mai 1823.

Le séjour de Jacques à Rome avait accru son impatience d'une vie libre et son aversion de Récanati, mais il contribua à calmer ses souffrances physiques. Pour le biographe cette première absence sert à éclaircir certaines circonstances intimes de la famille et certains sentiments des enfants Léopardi. Par les lettres échangées à cette époque, on apprend les négociations entamées en vue du mariage de Pauline avec un chevalier Marini, de Rome, l'enthousiasme de la jeune fille pour ce projet, son impatience du joug domestique ; les confidences de Charles sur *l'abominable vie qu'il lui faut mener* et sur la manière dont il est traité, les noms supposés qu'il emploie pour correspondre en secret[1], soupçonnant ses parents d'espionnage.

1. Ils usèrent de noms fictifs, même pendant d'autres absences de Jacques.

De retour dans son pays, Jacques, par les souvenirs qu'il rapportait de Rome, par les relations qu'il s'y était faites, par les démarches qu'il poursuivait en vue d'un emploi, fut assez occupé pour que nous ne trouvions dans sa correspondance de 1822 à 1824, que de très rares signes du découragement qui l'avait conduit à des plaintes si fréquentes et si exaspérées. Dans une longue et belle lettre à Jacobsen, qu'il avait connu à Rome, il s'étend sur son idée constante du *néant*. A son cousin Melchiorri il se plaint d'être toujours *l'enfant* pour sa famille. Mais, en résumé, cette période de sa vie paraît avoir été relativement paisible. Remarquons combien rarement alors il écrivait à son ami Giordani; on ne trouve qu'une seule lettre de Léopardi au piacentin entre mars 1823 et mai 1825; et ce dernier n'était pas en meilleure santé que lui : « incapable de toute occupation et de tout réconfort, par suite de son ancienne et désespérante maladie nerveuse... dans une continuelle tristesse et extrême faiblesse [1] ». Le plus intime confident de Jacques est maintenant l'avocat Brighenti devenu son intermédiaire dans la publication des dix canzoni de l'édition de Bologne en 1824 [2].

---

1. Plus loin il écrivait : « Non seulement s'est aggravée mon ancienne et incurable maladie de nerfs qui me prive de toute liberté d'action, mais j'ai été pris plus de 50 jours, d'un mal étrange... » Cfr. *Epist.* III, pages 196 et 202.
2. Ces canzoni sont : *All'Italia, Sopra il monumento di Dante, Nelle nozze della sorella Paolina, A un vincitore nel Pallone,*

Au printemps suivant le libraire Stella invita
Jacques à venir diriger à Milan une réimpression
de toutes les œuvres de Cicéron. « Vous n'aurez
pas — lui écrivait-il — à vous préoccuper des
frais de voyage et de séjour, je me chargerai de
tout. » L'invitation sourit au poète auquel il tar-
dait de changer de ciel. Ses parents ne firent pas
d'opposition, soit parce que le voyage ne nécessi-
tait aucune dépense, soit parce que le séjour de
Milan leur paraissait moins dangereux pour leur
fils, en raison de la surveillance sévère exercée
par les Autrichiens sur les libéraux. Mais ils ne
durent point aider d'un viatique suffisant le
départ de Jacques, même pour les besoins imprévus, puisqu'il lui fallut se recommander à la
générosité de son oncle Hector, et elle ne lui
manqua pas.

Remis tant bien que mal d'une inflammation
persistante des yeux, qui l'obligeait à vivre dans

*Bruto minore, Alla Primavera, Ultimo canto di Saffo. Inno ai
Patriarchi, Alla sua donna, Canzoni del conte G. Leop.* (Bologne 1824), suivies d'annotations philologiques faites par
Léopardi lui-même. Cette édition se fit à ses frais, et il en remit
40 écus à Brigenthi. Elle dut se préparer à l'insu de sa famille
puisque les épreuves d'imprimerie lui étaient envoyées par
Brighenti sous le faux nom d'*Alberto Popoli*. La même année
il paya à De Romanis dix écus les extraits de ses *Annotations
sur la Chronique d'Eusèbe*, publiée entre juillet et septembre
dans les *Ephémérides littéraires*, où avaient été insérées sur
la fin de l'année précédente, ses *Annotations sur Philon*, et
ses *Notes sur la République de Cicéron*. Ces travaux, et une
traduction des satires de Simonide contre les femmes, représentent l'activité littéraire de Jacques dans les années 1824 et
1825.

une obscurité presque complète, il partit enfin
pour Bologne; il y arriva le 18 juillet, et trouva
ses amis Giordani et Brighenti qui l'attendaient[1].
La ville et ses habitants le charmèrent tout de
suite. Malgré la fatigue éprouvée par « des sorties
continuelles aux heures les plus chaudes, avec
une température de 29 degrés, qui le mettait toujours en nage, sa santé, loin de s'affaiblir, s'améliorait » à ce point, qu'il écrivait à son père :
« L'absence de précautions ne me fait plus de
mal, je mange comme un loup... mes yeux vont
aussi beaucoup mieux. » Ce mieux réel, en même
temps le bon accueil et les offres généreuses qu'il
recevait, l'impression qu'il ressentait de l'ensemble
de la ville *très paisible, très gaie, très hospitalière,*
lui donnèrent l'idée d'y rester sans poursuivre
jusqu'à Milan. Mais, sollicité par Stella, il dut se
décider à partir, et il arriva le 30 juillet dans la
capitale lombarde.

Son impression, loin d'être favorable, lui fit
regretter Bologne, où il avait été fêté, « où il
avait formé plus d'amicales relations en neuf
jours, qu'en cinq mois à Rome... où les étrangers
reçoivent tant de politesses, qu'ils n'ont point de
repos, où les hommes de mérite sont invités à

---

1. Voici l'impression qu'en eût Brighenti au premier abord...
« Quand je le vis descendre de voiture avec un petit béret de
tricot, une houppelande du temps de Pie VI, un peu bossu,
maigre, les yeux chassieux et troubles, je ne pus croire qu'il
fut ce puits de science dont avait parlé Giordani ». Cfr.
Epist. II, page 1 (en note).

dîner neuf jours chaque semaine [1] ». Le 20 août
il écrivit à son oncle Antici qu'aussitôt que le lui
permettraient les *convenances* à l'égard de Stella
il partirait, mais que celui-ci *désirait et entendait
qu'il fût le directeur de son entreprise.*

Pendant ce temps sollicitations et démarches se
poursuivaient pour obtenir un emploi du Gouvernement pontifical. M. de Bunsen, qui avait
succédé à M. Niebhur comme ministre de Prusse
à Rome, s'employait auprès du cardinal della
Somaglia, secrétaire d'État. Et dans le cœur du
pauvre Léopardi des espoirs naissaient et s'évanouissaient tour à tour. Le Gouvernement voulait
qu'il écrivît un ouvrage se fondant sur des principes orthodoxes, et lui, sans s'y refuser positivement, voulait d'abord obtenir un poste qui lui
donnât la facilité de s'en occuper. Il parla de son
désir de la place de secrétaire à l'Académie des
Beaux-Arts, vacante alors à Bologne. On lui
donna l'espoir d'une chaire d'éloquence latine et
grecque à Rome; on le désigna pour une chaire
à Urbin; et pendant que son frère Charles lui
écrivait : *mon cher secrétaire* en le complimentant d'avance, et que de Rome lui arrivaient des
félicitations pour sa nomination présumée de
professeur d'histoire dans cette ville, M. de Bunsen se plaignait des atermoiements du gouvernement, et se proposait de trouver à Léopardi une

---

1. Cfr. *Epist.*, II, page 2.

situation en Allemagne, à Berlin, ou à Bonn, persuadé qu'en Italie il ne pourrait jamais l'obtenir.

De son côté sa famille cherchait à le tourner vers d'autres projets. Son oncle Hector étant mort à la fin de 1825, deux bénéfices dont les Léopardi avaient le patronat, se trouvaient vacants. Monaldo les proposa à son fils qui s'en défendit tant qu'il put. Et il est curieux de lire dans leur correspondance du printemps de 1826, comment le père s'efforce, par des raisonnements de toutes sortes, de persuader son fils de les accepter, et comment celui-ci, tantôt par une excuse, tantôt par un mot net, manifeste sa résolution d'y renoncer *pour n'en pas avoir les charges inhérentes et obligatoires.*

Pendant que se discutaient ces divers projets, Léopardi en assez bon état lorsqu'il se trouvait à Bologne, y était retourné à la fin d'octobre 1825. Avec les dix écus mensuels assignés par Stella comme émoluments de ses *travaux faits et à faire*, et la rétribution de deux cours qu'il faisait à un Grec et au comte Antonio Papadopoli, il avait de quoi vivre facilement. Mais Monaldo, avec ses idées de grandeur, ne voyait pas de bon œil ce travail mercenaire de son fils, et il aurait voulu qu'il sauvât du moins les apparences : « Plutôt que de vous mettre aux gages d'un marchand libraire, j'aurais préféré une convention où vos écrits vous eussent été payés tant par feuille.

De même, plutôt que de recevoir huit écus par mois du Grec qui veut apprendre le latin, j'aurais accepté de lui un don sans condition préalable[1] ».

Cependant la .pensée que son enfant vivait depuis longtemps déjà hors de chez lui, sans la plus minime participation des siens, déchirait le cœur de Monaldo et on sent, dans une lettre qu'il écrivait à Jacques à ce sujet, comme une honte de cette vilenie qui n'était pas voulue par ce digne homme, mais à laquelle il avait été contraint. Cet aveu nous fait comprendre que la faute en revient toute à la mère[2].

1. Un peu différemment que ce qu'il avait écrit le 3 octobre à son père, il écrivait en novembre à Stella que de ses deux leçons l'une lui rapportait six écus par mois, et l'autre quatre. (*Cf. Epist.* II, page 49.) Il les abandonna bientôt pour donner tout son temps aux travaux de Stella.

1. « Voici quinze mois — lui dit-il — que vous avez quitté la maison, que vous voyagez et vivez sans mon assistance. Si vous connaissez mon cœur, vous devez comprendre combien il m'est pénible de ne pouvoir subvenir à vos besoins, même à vos plaisirs. Et si vous n'avez pas eu besoin de mon concours, moi j'avais le besoin et le très ardent désir de vous témoigner souvent ma tendre affection. La difficulté réelle des temps, mais surtout votre *maman* qui, vous le savez, me condamne non seulement à la diète, mais à un jeûne absolu, m'ont obligé à une retenue réprouvée avant tout par mon cœur, puis par l'équité, même par la convenance. Toutefois je vis, et me souviens, quoique de loin, comme d'une chose désormais abolie, que je suis le maître de ma maison. Vous voilà près de votre retour. S'il ne vous faut rien tant mieux, mais si vous avez besoin d'argent pour le voyage, ou pour acquitter quelque petite dette, dites-le tout bas à votre père et ami. Si vous ne voulez rien, écrivez-moi comme si je ne vous avais rien dit là-dessus, vos lettres étant lues en famille. Et si vous vous ravisez ensuite, dites-moi franchement combien vous voulez, en adressant votre lettre à M. Giorgio Felini, à Recanati ». Cfr. Piergili. *Lettere a G. L.*, page 202.

Donc la comtesse Léopardi aurait même refusé à son fils aîné âgé de vingt-huit ans, l'argent de son voyage de retour de Bologne à Récanati ! Et lorsque le comte Monaldo, dans sa tendresse paternelle, sentait qu'il devait pourvoir à un de ses éventuels besoins, il devait le faire en secret, en recourant à un faux nom pour correspondre. Jacques ne l'ignorait pas, et ne voulant pas recevoir par des subterfuges ce qui, au fond, lui était dû, ou du moins ce que, en pareilles circonstances, les enfants n'ont pas besoin de réclamer à des parents riches, Jacques n'accepta pas l'offre, et à ses propres frais, comme il avait fait jusqu'alors, il se prépara à revenir à Récanati en novembre, obligé de quitter Bologne à cause du *froid rigoureux, décidément nuisible à sa santé* [1].

Pendant son séjour à Bologne Léopardi témoigna de la sensibilité de son cœur par deux petites histoires d'amour qui se bornèrent sans doute à une rêverie solitaire. Il paraît avoir eu d'abord une certaine inclination pour Marianne Brighenti, fille de l'avocat son ami. Puis il se laissa séduire par les charmes et l'esprit cultivé de la comtesse Teresa Carniani Malvezzi qui touchait alors à la quarantaine. Le caractère de cet amour que le

---

1. Viani a dit : (*Epist.* III, page 438). « Léopardi ne pouvant supporter le feu, souffrait cruellement du froid. Ici, à Bologne, me disait l'avocat Brighenthi, il s'était fait faire une sorte de sac de plume, grossièrement capitonné, dans lequel il passait la moitié de sa journée à travailler, et il en sortait si recouvert de duvet qu'il ressemblait à l'homme sauvage ».

poète appelle une *tendre amitié*, est dépeint dans une lettre qu'il écrit à son frère Charles, en forçant peut-être un peu les teintes. Quoiqu'il en ait été de ces sentiments, la poésie léopardienne ne s'en trouva aucunement inspirée ; le seul fruit qu'elle produisit durant cette période écoulée à Bologne, fut l'épître au comte Pepoli, lue avec grand succès à l'Académie des *Felsinei*[1]. L'activité littéraire de Léopardi à ce moment, ne se ralentissait pas cependant ; car, outre les soins apportés à l'édition du Cicéron chez Stella, il continuait un commentaire sur Pétrarque, achevait une traduction du Manuel d'Epictète et des œuvres morales d'Isocrate, publiait le *Martyre des Pères du Mont-Sinaï*, écrit dans le style du XIVe siècle, suivant l'opinion du Père Cesari ; les essais de ses *OEuvres morales* dans l'Anthologie de Florence[2] et dans le *Ricoglitore* de Milan ; refaisait la Batrachomyomachie, et préparait le plan de sa Chrestomathie qu'il effectua ensuite à Récanati. Monaldo persuadé dès lors que toute influence, toute action exercée sur son fils loin de lui, serait sans effet, ne prenait presque plus intérêt à ses travaux. Cependant, quand il eut connaissance de la préparation d'une édition générale de ses œuvres, il lui demanda de mettre le nom de Récanati sur

---

1. *Felsina*, nom ancien de Bologne.
2. Où furent insérés les Dialogues de *Timandre et Eleandre, Ch. Colomb et Pierre Guttierez, Torquato Tasse et son génie familier.*

les volumes, mais Jacques avait pour son pays natal un sentiment tout autre, et il n'en fit rien.

Il passa l'hiver de 1826 à 1827 à Récanati et s'adonna entièrement aux travaux de philologie entrepris pour Stella qui lui continuait, ou devait lui continuer sa rétribution mensuelle. Il acheva sa Chrestomathie et son commentaire sur Pétrarque, prépara l'édition milanaise de ses œuvres morales, et envoya au nouveau *Ricoylitore* une étude sur le discours de Gémiste Pléthon.

Sa santé était assez bonne, à en juger par ce qu'il écrit en avril 1827 à Puccinotti : « Je suis complètement guéri de ma maladie d'intestin qui n'a pas reparu depuis plusieurs mois. » Mais il n'était point guéri de son aversion pour Récanati où une heure lui semblait mettre un siècle à s'écouler, et il déclarait qu'il ne sortirait de chez lui que pour en partir tout à fait[1]. A la fin d'avril il repartit donc pour Bologne, heureux de se sentir mieux et de s'entendre complimenter sur sa bonne mine par tous ceux qui le rencontraient.

Mais sa maladie d'yeux ne tarda guère à le faire souffrir. Le 20 juin il part pour Florence, y trouve Giordani, Niccolini, Borghi, et autres lettrés de la cité florentine, fait la connaissance de Vieusseux, reçoit de tous des amabilités, des invitations, mais n'en peut profiter à cause de l'inflammation de ses yeux qui loin de s'amélio-

____

1. Cfr. *Epist.* II, page 202.

rer [1], ne fait qu'empirer. Son état général devient aussi plus mauvais, et son habituelle mélancolie tourne à la tristesse. Au commencement de juillet il écrivait à Antonio Papadopoli : « Je suis ici depuis quinze jours, accueilli avec beaucoup d'affabilité par les florentins, mais attristé par ma mauvaise santé, surtout par l'état de mes yeux qui m'oblige à rester toute la journée chez moi sans lire ni écrire. Je ne sors que le soir à la nuit tombante, comme les chauves-souris. Je compte passer ici tout l'été, et l'hiver à Pise, si je ne me sens pas trop mal; autrement je repartirais pour Récanati, désirant mourir à la maison [2].

En attendant, il ne manquait pas de personnes cherchant à utiliser son travail : « Ici — écrit-il à sœur — on me fait positivement la cour pour que j'accepte certaines propositions, mais comme je ne veux ni ne peux me fatiguer, nul arrangement ne me convient autant que celui de Stella [3]. Celui-ci paraissait cependant avoir oublié de lui payer tout ou partie de ce qu'il lui devait pendant le temps que passa Jacques à Récanati. Mais à Florence il porta ses émoluments à vingt écus par mois. Léopardi s'étant un peu rétabli, il trouva quelque distraction dans la société des lettrés et des *excellentes personnes* avec lesquelles il fit connaissance. Invité aux réunions hebdoma-

1. Cfr. *Epist.* II, page 21.
2. *Idem*, page 217.
3. *Idem*, page 219.

daires de Vieusseux, il y vit Manzoni et eut le plaisir de s'entretenir longuement avec lui, constatant que cet homme d'une grande amabilité, était digne de sa réputation [1]. Mais l'état de sa santé ne s'améliorait pas au point qu'il ne dût penser pour l'hiver à un climat plus doux et plus égal. Comme déjà il avait séjourné à Rome, il pensa d'abord à cette ville, puis à Massa; finalement, sur le conseil de ses amis de Florence, il se décida pour Pise, et s'y rendit le 9 novembre [2].

1. Cf. *Epist.*, 11, page 235.
2. A ce moment ses espérances d'une situation s'étaient ravivées, et des pourparlers s'étaient engagés. Son frère Charles lui donnait en août certaines informations encourageantes, et lui rapportait, entre autres, ces mots du cardinal Bertozzi : « Bientôt une chaire sera donnée, sans concours, au comte Léopardi, ainsi qu'il en a été décidé ». D'autre part Monaldo, pressentant le mauvais état de santé de son fils et peut-être aussi ses embarras d'argent, lui écrivait dans un affectueux épanchement : « Vous pouvez imaginer combien je m'afflige de ne pas vous savoir aussi bien que je le voudrais, et plus encore, lorsque je pense combien ce mal d'yeux doit vous être pénible puisqu'il empêche vos occupations quotidiennes. J'espère, comme vous, que le froid vous apportera quelque soulagement, toutefois il ne faut pas voir sans appréhension ce remède qui apporte avec lui d'autres maladies. Mais nous ferons le nécessaire pour vous en préserver en ce prochain hiver. A ce propos, dites-moi quelque chose de votre vie làbas, de votre retour au pays, car vous devez penser que tous ici nous le désirons extrêmement. Pour moi, mon enfant, je suis content que vous ayez satisfaction, en vous faisant honneur et renom. Mais sachez cependant que c'est aux dépens de mon cœur qui souffre beaucoup de votre éloignement aussi bien que de la rareté de vos lettres qui nous met tous en peine. Je vous ai écrit plusieurs fois et je vous rappelle encore que malgré ces mauvaises années je saurai toujours trouver le moyen de pourvoir à vos besoins. Si vous êtes embarrassé, écrivez-le donc franchement à votre père qui vous aime plus

L'agréable impression qu'il ressentit de sa résidence nouvelle dépassa son attente, et c'est avec enthousiasme que bientôt il écrit à sa sœur, à Vieusseux, à Adélaïde Maestri. Il aime la douce température et l'air printanier, la vue magnifique du Lung'Arno, l'affluence des étrangers, l'élégance des édifices, mélange tout romantique de citadin et de rustique, la bonne population, les relations et les visites. Il se trouva donc assez

que vous ne pensez. » (Cfr. Piergili. (*Lettres à G. Léopardi*, pages 223-24.)

Dans la même lettre il faisait briller à ses yeux la place d'adjoint à l'inspection d'une œuvre de bienfaisance instituée à Lorette pour assister les allemands pauvres se rendant au sanctuaire. Elle rapportait 50 écus. Mais Jacques qui voulait vivre loin de Récanati ne fit rien pour y demeurer. La différence toujours plus profonde des idées, des goûts, des aspirations, séparait de plus en plus l'esprit du fils de celui du père. Il voyait que lui, l'aîné, se trouvait contraint de vivre d'un travail mercenaire, sans que les siens aient fait à temps aucun effort, aient montré aucune intention de seconder ses désirs. Et ces raisons sans doute l'éloignèrent de ses parents. Au lieu de leur confier ses souffrances, ses projets, ses intentions, il leur laissait ignorer ce qu'il faisait et où il allait. Charles écrivait à ce propos à Prosper Viani : « Étant en opposition d'idées avec notre père, il voulait lui laisser ignorer tout ce qui le concernait ».

C'est pourquoi Monaldo, en décembre 1827, lui écrivit cette lettre pleine de tristesse : « J'ai reçu votre chère lettre du 7 courant, et si vous n'en recevez pas plus souvent de moi, ce n'est pas qu'il me coûte de vous écrire, rien au contraire ne m'est plus agréable que de m'entretenir avec mon cher enfant, ce n'est pas non plus parce que vous m'écrivez trop rarement, j'en ai du regret mais je ne m'en formalise pas, car on ne compte pas avec ses enfants. Mais je crois voir que mes lettres vous sont importunes, et que vous en torturez le sens comme font les enfants pour les vers latins. On dirait que votre cœur redoute de se rapprocher du mien, tandis qu'il n'a qu'un désir, celui d'être connu de vous. Enfin, si j'ai gardé un bien durant cet hiver. Mais ce ne fut qu'une courte trêve. Déjà en mars il se plaint que « ses nerfs le font souffrir et qu'aucun régime ne réussit à son estomac. » Le printemps accroît ses malaises ; il écrit en mai à Giordani que sa santé lui rend toujours impossible la moindre satisfaction, que sa vie n'est qu'ennui et que peines. Cependant la poésie renaît en son cœur. Car au printemps de cette année même, il chante dans le *Risorgemento*, le réveil d'anciens sentiments, et

silence plus long que de coutume c'est que j'ai été peiné, très peiné de ne pas vous revoir cette année, et d'apprendre que vous vous disposiez à partir pour Massa de Carrare et pour Pise, sans que j'en sache rien, et sans que mon agrément sur vos allées et venues, sur vos séjours dans telle ou telle de ces villes, y entrât pour rien, pas même comme Pilate entre dans le *Credo*. Et cela, après que votre lettre du 4 octobre, qu'aucune autre ne suivit, me disait simplement que vous vouliez passer l'hiver ici, et que vous m'indiqueriez d'un moment à l'autre le jour de votre départ. Dieu sait si j'ai à cœur que vous soyiez bien, et passiez le mieux possible la rigoureuse saison ! Cependant je crois, premièrement, que l'hiver étant froid partout, il faut partout du feu, des vêtements, et des précautions ; je crois, deuxièmement, que vous auriez tort de vous abstenir complètement de feu, que l'excès seul peut vous être mauvais, mais non un usage modéré. Je crois troisièmement que s'il vous plaisait de ne pas vivre ici exclusivement dans la bibliothèque, de même que vous n'y vivez pas là-bas, on pourrait avec un poêle, un paravent, des tapis, vous arranger une chambre, de manière que vous n'auriez que l'impression de l'hiver sans le sentir. Je pense enfin avec grande peine, que si nous ne devez point passer ici la belle saison parce qu'il faut vous rapprocher des savants et vous donner aux lettres, et que si dans la mauvaise vous devez en être absent pour éviter notre climat trop rude, le lieu et la saison où nous pourrons vivre ensemble, seront le Paradis et l'éternité. Pardonnez-moi, si j'ai donné un peu de détente à mon cœur, il en avait besoin. Et embrassez-moi, comme je vous embrasse, très tendrement ». (Cfr. Piergili, *Lettere a Giac. Leop.*)

dans *Sylvie*, avec des accents admirables et d'une
tristesse profonde, il évoque le souvenir de son
juvénile amour pour Térésa Fattorini. Mais ces
oasis sont rares sur la route morne et solitaire du
malheureux poète. Bientôt, presque à la veille de
son retour à Florence, une maudite inflammation
de la gorge et de la poitrine lui rend la vie into-
lérable. A cela vient s'ajouter le chagrin de la
mort de son frère Louis, chagrin qui ranime,
pour un temps du moins, son affection pour ses
parents. Revenu en juin à Florence, il reçoit
de M. de Bunsen la proposition de se rendre à
Bonn pour y faire revivre l'enseignement sur
Dante. Mais Léopardi, auquel la pensée de quitter
l'Italie souriait naguère, perdait, avec l'affaiblisse-
ment de sa santé, la force même d'un désir, en
même temps que le récent malheur des siens
ranimait en lui le souvenir de la famille. Et c'est
pourquoi, en faisant part à F. Puccinotti de cette
proposition, il lui dit : « Comment pourrai-je
abandonner ma famille et l'Italie? Et comment
supporterai-je le climat de l'Allemagne? »

La pensée des voyages, si caressée dans
ses jeunes années, l'effrayait maintenant, et il
en témoignait sa crainte à Adélaïde Maestri :
« Voyager sera pour moi toujours nuisible, même
dangereux. Le dernier petit voyage de Pise à
Florence, que j'effectuai la nuit cependant, me
rendit malade plusieurs jours, et il me persuada
finalement que je ne suis plus fait pour les dépla-

cements. Un grand désir me vient d'être au terme de mes souffrances, et de m'immobiliser plus complètement [1]. »

« Dans ces conditions d'esprit et de corps, il restait au pauvre poète bien peu de force pour les travaux qui lui procuraient la pension de Stella. Il s'était engagé à lui préparer une *Encyclopédie des connaissances inutiles, et des choses que l'on ne sait pas* [2]. Mais s'apercevant qu'il ne pourrait terminer ce travail sans y passer tout l'hiver, il pria Stella de vouloir bien lui continuer son allocation mensuelle, au moins jusqu'en novembre, époque où il lui serait possible d'entreprendre son voyage de retour à Récanati [3]. Environ un

1. Et peu de jours avant il lui avait écrit : « *Tous* mes organes sont sains, disent les médecins, cependant aucun ne fonctionne sans une grande souffrance, à cause d'une extrême *sensibilité* qui depuis trois ans s'accroît opiniâtrément *chaque jour*. Chaque mouvement, chaque sensation presque, m'occasionne une douleur ». (Cfr. *Epist.* II, pages 304-305.)

2. Pour la curiosité du fait nous rapportons ce passage d'une lettre de Léopardi, qui montre qu'à ce moment il revoyait pour Rosini son roman de *La Monaca di Monza*. « On publiera ici prochainement une sorte de suite au roman des *Promessi sposi*. Elle me passe entièrement par les mains. L'ouvrage a peu de valeur, je regrette de le dire parce que l'auteur est mon ami, il n'a confié le secret qu'à moi, et m'oblige à revoir son travail page par page, mais je ne sais qu'y faire ». (Cfr. *Epist.* II, page 303.)

3. On doit certainement rapporter à cette époque les embarras pécuniaires auxquels Antona Traversi fait allusion dans ses *Etudes sur Giac. Léop.* (Naples. 1887.) « Jean-Baptiste Niccolini était le parent de la marquise Lucrèce Niccolini de Florence, qui avait épousé M. Benedetto Monti de Récanati. Un jour que les époux se trouvaient à Florence en compagnie du grand dramaturge, celui-ci leur demanda si vraiment la famille de Léopardi était dans une situation difficile. — Aucu-

mois après, le 30 septembre, il lui écrivait avec inquiétude : « Vous ne sauriez croire combien l'état de ma pauve santé est rebelle à toute application, même légère. Ainsi, rien que pour avoir écrit ces deux pages, j'ai été pris d'une agitation et d'une sorte de fièvre [1]. »

A l'apparition du froid, plus favorable ou moins préjudiciable à sa santé que la chaleur, Léopardi se mit en route pour Récanati. Il était accompagné de Vincenzo Gioberti qui fut de courts instants l'hôte de Monaldo. Jacques s'était excusé près de sa famille de cette hospitalité, en l'avertissant que le philosophe turinois ne passerait à Récanati *qu'une soirée ou une journée au plus*. C'était la dernière fois qu'il devait revenir dans son pays et revoir les siens après dix-huit mois d'absence pendant lesquels le souffle poétique sembla s'éteindre en ce divin génie. On n'a de lui, dans cet intervalle, que des travaux en prose : le *Commentaire sur Pétrarque*, une *Chrestomathie*, et les *Œuvres morales* publiées entre juin et juillet 1827 à Milan.

Voici donc Jacques forcément ramené à Récanati, sa mauvaise santé l'ayant empêché de faire d'autres travaux pour Stella. Il y revenait avec le désir d'embrasser sa famille atteinte dans son

nement — répondit Benedetto. Je le crois puisque que tu le dis — reprit Niccolini, mais à le voir on ne le dirait certes pas. Plus nombreux sont les jours où il serait à jeun que ceux où il pourrait manger, sans le secours de ses amis ».

1. Cfr. *Epist.*, page 331.

cœur par la mort de Louis, enfant chéri de Monaldo. D'autre part dans quel sentiment se retrouvait-il dans ce *lieu déteste de sa naissance*, sachant d'avance qu'il souffrirait davantage, que l'inquiétude et les tourments d'esprit ne feraient qu'accroître ses infirmités de jour en jour plus accablantes? Charles et Pauline n'avaient cessé de l'engager à demeurer le plus possible éloigné de la maison, où eux-mêmes rongeaient leur frein sans espoir, et de lui représenter par des mots irrités, des réticences amères, des aveux indignés, des plaintes et des gémissements, combien ils étaient opprimés et malheureux. Avec une telle perspective, et l'inquiétude d'un état aggravé par le mauvais fonctionnement de l'estomac, par ses yeux délicats qui ne lui permettaient ni de lire ni d'écrire, de plus, sans espoir de se procurer jamais par son travail les moyens de quitter Récanati, Jacques n'était pas plutôt installé dans sa famille qu'il se sent triste et découragé, et écrit à ses amis des lignes désolées. Le 28 novembre, après avoir parlé à Brighenti de sa santé, il dit : « Je suis ici depuis quelques jours. Combien de temps y resterai-je, je ne sais ; peut-être toujours. » Les lettres suivantes ne sont pas plus gaies [1].

---

1. Le 31 décembre il écrivait à madame Maestri : « Ma santé est comme toujours.. Et ceci me dispense d'entamer un sujet qui m'attriste. Quant à Récanati, je vous réponds que j'en partirai, que je m'échapperai et fuirai aussitôt que possible. Mais quand le pourrai-je? Je ne saurais vous le dire. Soyez

Alors il en revient à désirer un emploi, et en parle à madame Maestri : « Pensez-vous qu'à Parme je pourrais trouver une occupation littéraire honorable, pas trop fatigante, et dont s'accommoderait ma santé ? » Et un peu après à Colletta : « Si je veux vivre hors d'ici, il faut que ce soit par mes propres ressources, non par celles de mon père, parce que mon père ne veut pas m'entretenir ailleurs que chez lui ; peut-être ne le peut-il pas à cause de la pénurie d'argent dont on souffre dans cette province, où les biens ne rapportent rien. Ceux qui en possèdent les échangent en nature, ne trouvant pas à les convertir en argent. De plus le patrimoine de ma famille, bien qu'un des plus importants de la région, est endetté. Je ne puis donc vivre par moi-même qu'en travaillant beaucoup ; et travailler beaucoup avec une pareille santé, m'est chose à jamais impossible. C'est pourquoi il a fallu me dégager des obligations contractées envers Stella et perdre la rétribution qu'il m'allouait, et qui suffisait à me faire vivre modestement. Comme vous le savez sans doute, elle était de vingt écus romains par mois (dix-neuf florentins). S'il se trouvait un emploi peu absorbant, par exemple un emploi public (généralement ils ne le sont pas) en même temps

sûre, dans tous les cas, que mon intention n'est pas de m'établir ici, où je ne vois personne en dehors des miens, et où je mourrais de rage, d'ennui et de tristesse, si l'on mourait de ces choses-là ». (Cfr. *Epist.*, II, page 345.)

honorable, je l'accepterais volontiers. Ici, dans cette province où tout est pour les prêtres, et toujours pour les prêtres, je ne le trouverai pas ; et hors d'ici quel emploi peut espérer obtenir un étranger ?

Dans cette impuissance de travail, il projetait cependant de nouvelles œuvres ; et ses projets étaient *d'autant plus nombreux que plus faible était la faculté de les mettre à exécution* [1] ; les titres seuls des ouvrages qu'il voulait écrire prenaient plusieurs pages [2]. Ses amis de Parme : Tommasini, Adélaïde et Ferdinand Maestri, accueillirent avec empressement le désir que Jacques leur manifestait, de trouver dans cette ville une occupation lui permettant de vivre ; ils lui firent même de généreuses propositions que Jacques accepta conditionnellement dans une lettre du 30 janvier 1825 dont il est à propos de rapporter ce passage : « La proposition que vous me faites d'aller vivre avec vous m'est si douce et si agréable, que sans plus réfléchir, je l'accepte dès maintenant avec la plus vive reconnaissance. Mais j'entends que cette acceptation ne vous oblige qu'autant que la chose se trouvera conciliable avec les circonstances et avec votre convenance au moment où elle pourra s'effectuer, puisque je ne puis présentement fixer ce moment. M'autorisant de la confiance que vous me témoignez, je vous dirai que je ne

1. Cf. *Epist.*, II, page 346.
2. Cf. *Epist.*, II, pages 346 et 356.

puis *plus* (!) donner à ma famille la charge de mon entretien hors de la maison, et d'autre part je ne puis vivre dans cet infâme pays, tombeau des vivants. C'est pourquoi j'accepterais volontiers un emploi. Espérer le trouver ici est inutile, puisque, malgré des promesses réitérées et très pompeuses, faites par deux anciens secrétaires d'Etat à des ministres étrangers qui avaient fait pour moi de très chaudes instances, on n'a jamais rien obtenu. J'accepterais donc une situation en dehors de cette province, et s'il est possible de l'obtenir à Parme, j'irais m'établir à Parme très volontiers. Si j'avais l'espoir d'une rétribution prochaine je partirais des maintenant, mais sans aucune assurance semblable, je ne pourrais guère me résoudre à arriver en automne, avec l'obligation de rester à Parme, occupé ou non, tout un hiver (et un hiver très dur), ma santé ne me permettant pas, quand le froid est venu, de refaire le voyage avant le printemps. »

Il faut remarquer dans cette lettre le pieux mensonge de Jacques qui laisse supposer qu'il fut jusqu'alors entretenu par sa famille hors de la maison paternelle. Evidemment, soit qu'il ne se trouve pas assez en confiance avec ses amis de Parme, soit un sentiment d'amour-propre, il n'ose pas avouer que pour vivre ailleurs que chez lui, il doit s'en procurer les moyens. Il est humilié, lui l'aîné de la plus noble et riche famille de Récanati, de se voir offrir, par commisération, l'hospitalité gracieuse de ces bons et peu fortunés bourgeois. Et par ce *plus* discret, qui devait sembler bien amer au malheureux Jacques quand il l'écrivait, il cherchait à dissimuler aux yeux de ses amis la mesquinerie de ses parents [1].

On émit alors l'idée de la chaire d'Histoire naturelle à l'Université de Parme, et Jacques, bien que peu porté à cet enseignement, n'était pas éloigné de l'accepter. Mais les démarches n'eurent aucun résultat. Et Monaldo, qui était à Rome pour

[1]. Vieussoux lui avait écrit à la fin de décembre : « Pourquoi donc nous abandonner, pour vous retirer à Récanati, quand vous savez par expérience que ce climat est contraire à vos yeux? et lorsqu'il y avait possibilité pour vous de combiner vos affaires de manière à pouvoir demeurer à Florence ou à Pise? Pourquoi nous faire espérer votre prompt retour parmi nous, pour ensuite me parler comme si vous ne vouliez plus quitter Recanati? Réfléchissez sérieusement, mon cher ami, pour votre tranquillité et celle de vos amis; et ne vous laissez point aller à un découragement que je crois être moins l'effet que la cause de vos peines. L'expérience, en vous montrant qu'il est possible de vivre en Toscane avec peu d'argent, vous a, d'autre part, fait reconnaître l'efficacité de l'air méditerranéen. Comment ferez-vous croire à vos amis que les quelques écus qui peuvent manquer à votre budget, on ne les obtiendrait pas de votre père? Et pourquoi ne pas compter un peu plus sur les autres ressources que peuvent vous rapporter vos rares talents? et, j'ose le dire, sur la tendre amitié de ceux qui vous aiment et estiment ce que vous valez? Quand votre père saura combien le voisinage de l'Arno vous est bon, je suis persuadé qu'il sera le premier à combattre vos résolutions. Mais si vous ne dites rien, il ne pourra jamais le deviner. Réfléchissez, mon cher ami, et donnez-moi bientôt de vos nouvelles. Si je me suis ainsi immiscé dans vos affaires, excusez-moi en faveur de notre amitié. » (Cf. *Epist.* III, page 252.) Cette conclusion devait faire saigner le cœur de Jacques, qui savait combien les choses étaient différentes de ce que se figurait l'excellent Vieussoux.

avoir raison d'un litige avec un certain Moroni,
écrivait : « Quel besoin avait donc Jacques de
quémander un emploi ? » Il convenait qu'un petit
voyage tous les ans ou tous les deux ans pouvait
lui être bon, et il se promettait d'y aider dans une
sage mesure. En attendant, il devait se consoler
à la pensée qu'il n'était point oublié dans son testament, et se tenir pour satisfait. Mais l'infortuné
Jacques, condamné à lutter péniblement contre
toutes sortes de misères, et qui, privé depuis
plusieurs mois de l'étude, son seul réconfort, voyait
sa pauvre existence se consumer dans une morne
stérilité, pouvait-il comprendre comment de ces
biens que le sort avait prodigués aux siens, il ne
devait, lui le fils aîné, prétendre même à une part
minime qui eût suffi à lui assurer une fin moins
douloureuse ?

Il n'eut pas toujours il est vrai le pressentiment d'une fin prochaine. En narrant à madame
Maestri toutes ses afflictions dans une lettre de
juillet 1829, il lui disait que son mal n'était pas
mortel, *ni de ceux qui donnent l'espoir de le
devenir*. Cependant, malgré cette lugubre sérénité,
la description qu'il fait de son *mal principal* est
épouvantable : « La faiblesse et la contraction
des nerfs dues à un excès d'hypocondrie, à une
privation absolue de distractions et d'exercice,
sont arrivées au point que je ne suis plus capable
de rien, la digestion ne se fait plus, et je n'ai de
repos ni jour ni nuit. » Et plus l'été s'avançait,

plus s'accroissaient ses souffrances; il lui fallait trois ou quatre jours pour venir à bout d'une lettre de deux pages. Son état devint tel durant l'automne, que ne pouvant plus ni écrire ni dicter, il dut confier à sa sœur le soin de répondre aux lettres de ses amis qui redoublaient de sollicitudes pour l'infortuné. Ils demandaient de ses nouvelles, désiraient des lettres, s'informaient de ses travaux, lui réitéraient leurs offres. Colletta, qui dès le printemps lui avait, comme Botta, conseillé de tirer parti de ses travaux pour en avoir un profit, lui offrait l'hospitalité dans sa propre maison, et très courtoisement, l'argent dont il aurait besoin. Vieusseux, au regret de ne pouvoir l'aider, se proposait de parler à ses amis pour en obtenir quelque chose; il cherchait à lui faire décerner pour ses *Operette Morali* le prix quinquennal à l'Académie de la Crusca, prix obtenu plus tard par Botta pour son *Histoire de l'Italie, de 1789 à 1814.* Enfin madame Tommasini lui offrait à Parme l'hospitalité, et même l'argent nécessaire à son voyage [1].

Par ces paroles réconfortantes, le malheureux entretenait quelque espoir de trouver un moyen honorable de repartir; et, comme en attendant, tout travail lui était interdit, il suivait en rêve la

---

1. Pour le voyage, Léopardi lui répondit qu'il n'en avait pas besoin. Remarquons toutefois qu'il ne vivait point de sa famille, mais de ses économies sur l'allocation de Stella, ainsi qu'il l'écrit d'ailleurs à Vieusseux le 21 mars 1830. (Cf. *Epist.*, II, page 385.)

chaîne subtile de ses souvenirs, et sentait se
ranimer le souffle poétique. Les *Ricordanze*, la
Quiete dopo la tempesta, le *Sabato del villaggio*, et
le *Canto notturno di un pastore errante*, sont de
cette année-là. Dans leur ensemble ces poésies
marquent certainement le plus beau moment de
la vraie lyrique léopardienne. Toutefois ce retour
à l'art ne put détourner le poète de l'idée de quitter
Récanati; et déjà il se recommande instamment à
Vieusseux [1]. Sa lettre n'était point encore parve-
nue à son destinataire, que le général Colletta lui
écrivait (23 mars 1830) : « Vous avez raison, ami,
de venir habiter parmi nous pour l'amélioration
de votre santé et la satisfaction de vos amis.
Vous m'avez dit un jour que 18 *francesconi* [2] suf-
firaient à votre subsistance d'un mois, eh bien,

1. Je suis décidé, avec le peu d'argent que j'ai réservé lorsque
je pouvais travailler, à me mettre en route, chercher la santé
ou la mort, et à ne plus revenir à Recanati. Je ne fais pas de
distinction de métiers, toute situation conciliable avec ma
santé me conviendra. Je ne regarderai point à l'humiliation,
parce qu'il n'est pas d'humiliation et d'avilissement plus grand
que ce que je supporte en vivant dans ce centre de l'incivilisa-
tion et de l'ignorance européenne. Je n'ai rien à perdre; et
en admettant que je risque ma vie, je ne puis que gagner à
courir ce risque. Dites-moi, *en toute sincérité*, si vous pensez
que je puisse vivre là au moyen de leçons, ou d'entretiens
littéraires *chez moi*, et sans trop attendre, car je vivrais peu
de temps sur ce que je possède. Par leçons littéraires j'entends
tous les genres, si modestes qu'ils soient : langues, gram-
maires, et autres semblables. Je désire une réponse aussi
prompte que possible, tenant à partir bientôt. Suivant votre
réponse je déciderai si je dois me diriger vers Florence ou
tenter de découvrir, en d'autres lieux, d'autres lueurs d'espoir. »
(Cf. *Epist.* II, page 385.)
2. Monnaie toscane valant environ 5 fr. 60.

ces 18 francesconi vous les aurez pendant une année, à partir d'avril prochain si vous voulez. Je vous remettrai de mois en mois la dite somme, et d'avance, sans qu'il m'en coûte d'autre peine que de vous la remettre ; rien ne sortira de ma bourse. Celui qui donne ignore à qui il donne ; et vous qui recevez, vous ignorez de qui vous recevez. S'il vous plaît un jour de rendre les sommes reçues, ce ne sera qu'un prêt. Et ce sera moins encore si l'occasion de restituer vous manque. Personne ne saurait à qui réclamer, et vous ne sauriez à qui rendre. Aucune condition ne vous est imposée. Pour le bien de l'Italie il faut, qu'en rétablissant votre santé, vous puissiez écrire des œuvres dignes de votre génie. Mais mon espérance ne vous crée nulle obligation. Veuillez seulement apporter ici toutes les pages où vous avez jeté vos pensées, afin de voir et de choisir quand votre santé le permettra ce que vous voudrez publier. Par leur valeur et leur réputation, on en obtiendrait certainement un bénéfice qui vous permettrait de vivre dans les années à venir. Mais quoiqu'il en soit de l'avenir, une année en bon air, au milieu de bons amis, dans un lieu agréable, sera pour vous une salutaire villégiature, et une trêve à vos douleurs et à vos afflictions. »

Ainsi le généreux Colletta n'ayant pu faire autrement accepter à Léopardi son hospitalité, lui laissait entendre par un délicat stratagème que des amis s'étaient arrangés pour lui constituer un revenu mensuel en se proposant de se rembourser sur le produit que donnerait la publication de ses œuvres. On ne peut dire avec quel enthousiasme Léopardi s'accrocha à cette ancre si généreusement présentée : « Ma situation — répondit-il, — ne permet pas que je refuse ce service d'où et de quelque part qu'il me vienne, car vous et vos amis savez obliger sous une forme telle que le plus délicat consentirait à accepter un secours d'amis tels que vous. J'accepte donc simplement ce que vous m'offrez, remettant même mes remerciements au moment où je pourrai vous les adresser de vive voix ; car vous savez que je ne puis écrire et difficilement dicter. Ce moment ne tardera pas, je partirai dans quelques jours. Je vous dirai seulement qu'après une horrible nuit de seize mois, et une vie dont Dieu préserve mes plus grands ennemis, votre lettre a été comme un rayon de soleil plus désiré que ne le serait la première lueur de l'aurore dans les régions polaires. » Le 27 du même mois il partit pour Bologne. Et le fils aîné des Léopardi, qui ne devait plus revoir les siens, s'en allait vivre de l'admiration et de la commisération d'autrui. A son départ il ne reçut même pas un viatique suffisant pour passer par Parme, et la modicité de ses propres ressources ne le lui permettant pas, il ne put y visiter ses amis Tommasini qui, eux, pour le voir, étaient allés à Florence pendant l'été de 1829 et s'étaient ensuite montrés si généreux dans leur offre d'hospitalité et de secours pécuniaire [1].

1. Tout en faisant la part due à des circonstances qu'on peut difficilement apprécier à si longue distance, et avec la différence si grande des habitudes et des idées, il ne nous semble pas que les parents de Léopardi puissent être exempts de reproches, quant aux conditions dans lesquelles ils supportèrent que leur fils partît. Il est difficile de croire que les mauvaises années et le mauvais état du patrimoine aient été la seule cause d'une manière d'agir qui doit paraître cruelle aux yeux de la généralité des parents. Comment ne pas voir qu'un homme si faible, qui ne pouvait écrire un pauvre billet sans y passer plusieurs jours, et se servir de ses yeux sans souffrances, était dans l'incapacité de tirer de son travail de quoi suffire à sa vie ? Qu'on ne dise pas qu'ils ignorèrent dans quelles conditions il partit. En supposant même, étant donné le peu de confiance qui était entre eux, que Jacques leur ait caché ses projets et ses ressources pécuniaires, on ne peut admettre que Pauline, qui écrivait ses lettres, qui savait les invitations et les propositions qui lui étaient faites, les pourparlers qui s'engageaient, n'en ait pas dit un mot à leur mère. De même qu'on ne peut supposer que des parents en voyant un enfant dans cet état, n'aient pas cherché à connaître ses intentions, et ses espérances par ceux qu'ils savaient être ses confidents. L'institution du majorat, ou fidéicommis, établi en 1839 par Monaldo dans l'idée du moyen âge, et sa résolution de le garder intact pour l'héritier, en le libérant des dettes qui le grevaient, sont la raison qui explique comment pût s'accroître l'avarice de ceux qui l'administraient. A ce point qu'un jour, Charles, voulant entendre la Malibran à Ancône, dut faire le trajet à pied, et que Pauline vit manquer plusieurs projets de mariage, soit parce qu'on se refusait à débourser la dot, soit qu'on voulût la donner moindre que ce qui était demandé et convenu. Ainsi fut rompu son mariage avec M. Paroli. Au lieu de 6.000 écus on n'en voulut donner que 4.000. Mais Charles, lui, se portait bien au physique comme au moral, et il cherchait à s'arranger comme il pouvait ; Pauline avait encore l'espoir de trouver un mari qui se contenterait de moins ; tandis que Jacques était malade, épuisé. Le sort qui l'attendait devait être visible aux plus aveugles ; et ses parents, après dix ans d'expérience, devaient dès lors avoir compris que le séjour de Récanati lui était plus nuisible que tout autre. Et puisqu'ils donnaient 4.000 écus de dot à leur fille, ils auraient pu donner

Après une courte halte à Bologne, il partit vers le 10 pour Florence d'où il écrivit à son père :

les revenus d'un capital égal à leur fils, pour vivoter tant bien que mal quelques mois sous un meilleur ciel. S'ils ne le firent pas alors spontanément, ce doit être, j'en suis certain, par scrupule de conscience. Les idées de Jacques, ses écrits, étaient déjà assez connus pour que ses parents ne se soient fait conscience de contribuer, pour la plus minime part, à entretenir celles-là, et à propager ceux-ci. Ils ne pouvaient se résoudre à l'envoyer eux-mêmes chez ces amis qui leur inspiraient tant de méfiance, et qu'ils considéraient, quelques-uns du moins, comme la cause première de son aberration. Le souci du patrimoine était grand chez les Léopardi ; mais le souci de l'âme était grand aussi, même beaucoup plus grand, mais en conformité de leurs idées. Nous avons vu plus haut que Monaldo désirait voir Jacques incité à un travail, même *dispendieux*, pourvu qu'il restât dans le cercle des idées orthodoxes. Mais comme ils savaient que son esprit était irréductible, et que lui donner les moyens de vivre hors de Récanati, c'était, à leur point de vue, contribuer à sa complète perversion, ils persistèrent à ne vouloir rien savoir. Telle est, à mon sens, une des causes principales de l'obstination des Léopardi à ne vouloir rien dépenser pour éloigner leur fils. Il y en eut d'autres aussi, l'avarice d'Adélaïde, le désir de conserver et d'accroître le majorat, le dépit et l'irritation provoqués par la fermeté, par le peu de confiance et de soumission de Jacques. Causes très puissantes avons-nous dit, mais non les seules. Convenons pourtant que l'attitude de Jacques devait leur paraître incorrecte et répréhensible ; convenons aussi qu'ils ne furent point encouragés à la confiance et à la tendresse, mais il n'est pas douteux qu'un père aussi affectueux que l'était au fond Monaldo, n'aurait pu le punir au point de le laisser manquer du nécessaire, et de l'obliger dans l'état où il était (et il portait son nom et son titre) à vivre de la pitié d'autrui. Pour que les Léopardi n'aient pas compris, ou aient bravé cette honte, il faut admettre un autre sentiment que l'avarice et le dépit ; et c'est celui dont j'ai parlé ci-dessus.

On a dit généralement : ils ne lui ont pas donné parce qu'ils ne le pouvaient pas. Cette explication est plus prompte et plus commode qu'exacte. Voici qui aidera à la vérité. Par le concordat de 1803, la dette de la maison Léopardi se trouve pour ainsi dire consolidée en 33.000 écus, à amortir, capital et intérêts, en quarante ans, moyennant autant de versements

« Je reçois une foule de visites ; chacun me complimente sur ma bonne mine. » L'exagération que

annuels de 1.400 écus chacun. Le patrimoine Léopardi rapportait environ 6.000 écus. Il restait donc annuellement à la famille un revenu net de 4.600 écus, environ 24.500 francs de notre monnaie. Et eût-il été diminué par des accidents imprévus, par la rareté ou la baisse des produits, il restait toujours de quoi vivre honorablement alors, dans un pays comme Récanati. même en donnant deux ou trois cents écus par an à Jacques qui ne devait pas jouir autrement du patrimoine familial. (Et Monaldo et Adélaïde devaient bien le comprendre).

Mais Adélaïde mettait au-dessus de tout l'accroissement des biens de la famille. L'extinction graduelle des vieilles dettes pouvait ne finir qu'en 1843 ; cependant en 1842 elle avait tout payé, et fait en outre assez d'économies pour acheter des terres coûtant 8.500 écus (plus de 40.000 francs) sans avoir *ni hérité, ni trafiqué, et sans avoir subi de trop dures privations.* Ce sont les termes propres de Monaldo. Mais, comte Monaldo, ne mettez-vous pas au nombre des privations, celles de votre fils, votre gloire ? obligé de vivre dans la maison d'autrui, de la liberalité de ses amis ? obligé même d'user de mensonges pour vous arracher quelques douzaines d'écus ? Un millier ou deux de ces écus départis à ce fils lorsqu'il quitta Récanati pour la dernière fois, lui eussent rendu moins pénibles et moins mortifiantes les ultimes années de sa misérable existence. Et quelle mère, à ce prix, n'aurait voulu retarder de deux ans l'extinction complète d'une ancienne dette et l'acquisition de nouveaux biens ! Ces biens ne furent pas les seuls qu'Adélaïde ajouta au majorat. En 1855 elle en acquit d'autres pour 4.300 écus ; et en 1857, deux ans après, pour 10.750 écus : le tout payé comptant. Les héritiers du majorat Léopardi le virent donc s'accroître, entre 1842 et 1857, par la force de volonté d'Adélaïde, de 23.950 écus ; c'est-à-dire plus de 127.000 fr. de notre monnaie. Tels sont les faits réels. Par conséquent le *non possumus* opiniâtrément mis en avant par les Léopardi n'est fondé sur rien de véritable. Il l'est si peu que l'année même de la mort de Jacques, 1837, Monaldo fit faire d'importants travaux dans sa maison, et l'année suivante fit construire une petite annexe qui lui coûta mille écus. Ainsi, tandis que Jacques languissait et se mourait, ses parents avaient à peu près payé l'ancienne dette, et pouvaient agrandir leur demeure par une dépense de plusieurs milliers de francs. Il est donc assez difficile de croire qu'ils n'aient pu faire un peu plus tôt

semblent renfermer ces mots provient certainement du désir qu'il a de laisser entendre à son
père qu'aussitôt sorti de Récanati sa santé devient
meilleure. Mais le laconisme de toutes ses lettres
à cette époque est un démenti à ses paroles. Il
l'avoue d'ailleurs au comte Pepoli le 6 août : « Je
ne puis plus écrire ». Il le répète le 13 à Visconti,
et en septembre à madame Maestri. En attendant
il préparait l'impression de ses Chants, mais sa
mauvaise santé l'empêcha même d'en revoir les
épreuves. Sept cents souscriptions ayant été
réunies par un arrangement entre lui et ses
amis, furent cédées avec le manuscrit à l'éditeur
Piatti, soit pour 80 sequins comme il l'écrivit à
son père, soit pour 108 comme il est dit dans
une lettre de Colletta à Vieusseux.

Dans la dédicace du livre paru en 1831, il
s'adressait à ses amis de Toscane en des termes
découragés qui témoignent de son état d'esprit et
de santé vers la fin de 1830[1]. Mais sur le service

à Jacques la modeste pension qu'ils lui accordèrent en 1832.
Sur cette prétendue impossibilité, Jacques eut des doutes ;
mais non une connaissance exacte de l'état des choses, à
cause du soin jaloux que mettaient les Léopardi à le cacher
aux enfants. Ainsi, peut-être, lui fut épargnée une plus grande
amertume. Il semble qu'à de tels parents conviendraient ces
mots d'un patricien de belle envergure, César Balbo, qui écrit
dans ses *Pensieri ed Esempi* : « Le père qui aime son fils aîné
au détriment des plus jeunes, ou un fils unique au détriment
des filles, n'est pas un bon père, mais un très mauvais père
de famille. En réalité ce n'est pas elle qu'il aime, ce n'est que
la splendeur de sa famille. »

1. C'est à vous chers amis qu'est dédié ce livre où j'ai cherché par la poésie, comme on le cherche souvent, à consacrer

rendu par *ces amis de Toscane*, aucune allusion dans sa lettre où aucun n'est nommé. Colletta, qui en réalité était le bienfaiteur, fut froissé de se voir confondu avec tous les autres sans être même mentionné, et on ne peut lui donner tout à fait tort. Grâce à lui Jacques avait pu quitter Récanati cette dernière fois. Et c'était lui qui de sa propre bourse tirait dix-huit francesconi chaque mois, afin qu'il pût demeurer à Florence, laissant croire avec beaucoup de délicatesse que ce prêt venait de certains amis *qui ignoraient à qui ils donnaient*. C'était lui enfin qui avait conclu au mieux des intérêts de Léopardi, le contrat avec Piatti. Si en retour de tels

ma douleur, et dans lequel à présent (je ne puis le dire sans larmes) je fais mes adieux aux lettres et aux études. J'espérais que ces chères études réconforteraient ma vieillesse, et je croyais avoir acquis, par la privation des plaisirs et de toutes les joies de l'enfance et de la jeunesse, un bien que nulle infortune ne me ravirait. Mais je n'avais pas vingt ans que la faiblesse des nerfs et de tout l'organisme, tout en m'empêchant de vivre, ne me donnait pas l'espoir de mourir. Ce seul bien me fut réduit plus qu'à demi, puis, à moins de trente ans, retiré tout à fait, et à jamais je crois. Vous savez que je n'ai même pu relire ces pages, et que pour les corriger j'ai dû me servir des yeux et de la main d'un autre. Je ne puis plus me plaindre, mes chers amis, la conscience que j'ai de l'étendue de mon malheur ne comporte pas de doléances. J'ai tout perdu. Comme un tronc dépouillé je végète et je souffre. Cependant en ces tristes jours je vous ai trouvés; et votre compagnie qui me tient lieu d'études, de distractions, d'espérances, compenserait presque mes chagrins, s'il m'était permis d'en jouir comme je le voudrais, et si je ne savais que mon infortune me privera bientôt encore de cette satisfaction, en m'obligeant à consumer les années qui me restent, dans l'abandon de tout réconfort social, dans un pays où habitent des morts plutôt que des vivants. » (Cfr. *Epist.* II, page 404.)

services le poète répondit en écoutant la lecture
(puisqu'il ne pouvait lire lui-même) de son *Histoire du royaume de Naples*, et lui donna peut-
être quelques conseils quant au style et à la
langue, on conviendra que cela n'était point suffisant pour s'acquitter envers son ami. Aussi, en
avril 1831, Colletta lui annonça courtoisement
qu'il ne se trouvait plus en mesure de lui continuer la pension qu'il lui avait fixée et payée une
année durant[1].

Quand échoua son projet d'entrer, comme naguère chez Stella, aux gages de l'éditeur Anto-
nelli de Venise pour des travaux que certainement il n'aurait pu faire, et que s'évanouit son
espoir de diriger le *Spettatore*, périodique littéraire qui lui aurait rapporté mensuellement vingt
francesconi, Léopardi vit lui manquer toute res-

1. « Ce versement, étant le douzième, est donc aussi le dernier. La mauvaise fortune m'a gravement atteint dans mes
penchants les plus chers; car j'éprouverais une grande joie
aujourd'hui à vous affranchir des soucis de la vie matérielle
et à laisser votre esprit libre de ce côté. Je l'aurais pu il y a
quelques années, ce ne m'est plus possible maintenant,
puisque moi-même, mon ami, j'ai peine à vivre avec ma
famille, et calcule toute dépense (même celle des remèdes). Je
vous dis ceci, non pour vous attrister, mais parce que sans
cette nécessité où je suis, vous abandonner maintenant que je
vous connais, me semblerait très mal. » Ranieri dans le *Sodalizio* rapporte ce que lui dit Léopardi à ce propos : « Le général Colletta chercha à m'attirer, et en se réunissant à quelques
amis il me constitua un petit pécule durant une année. Il
s'attendait à ce que je fisse des écrits et des dédicaces. Je n'ai
pu faire la première de ces choses, et n'ai pas voulu faire la
seconde, et le pécule ne sera pas renouvelé. »

source[1] et approcher le moment qui le ramènerait à Récanati pour y ensevelir à jamais sa morne existence. Il avait connu à Florence le professeur allemand De Sinner avec lequel il s'était lié d'amitié, il lui avait envoyé plusieurs manuscrits dont ce professeur lui promettait profit et renom. Mais de renom Léopardi n'en avait plus besoin et, quant au profit, son Abrégé d'études philologiques qu'il publia en 1834, ne lui rapporta rien[2].

Cependant dans cette noire détresse apparut une lueur. Et n'est-ce pas admirable qu'un homme rendu quelque peu égoïste par l'accumulation de ses souffrances, ait fait naître de si ferventes amitiés. Giordani l'aime avant même de le connaître, et à Bologne Brighenti et Papadopoli lui témoignent leur affection. Les Maestri vont de Parme à Florence pour le voir et lui offrir de demeurer chez eux. Le bruit de sa mort se répand

1. Déjà, par économie, il avait renoncé à passer l'hiver de 1830 à Pise.

2. Les promesses de M. De Sinner le remplirent d'espoir et même d'enthousiasme, car il écrivait à sa sœur : « Vous ne sauriez croire combien cet événement me réconforte, au point de me ramener depuis quelques jours aux idées de ma prime jeunesse; plaise à Dieu qu'il puisse donner vie et utilité aux grands travaux que je considérais depuis longtemps déjà, comme tout à fait perdus, par l'impossibilité de les perfectionner en Italie, où ce genre d'études est méprisé, et surtout par mon état de santé. Cet étranger me proclame à Florence comme un trésor caché, comme un philologue supérieur à tous les philologues français (des italiens il ne parle pas, il vit à Paris). Et il dit qu'il veut ainsi me proclamer à toute l'Europe! » (Cfr. *Epist.* II, page 402.)

par erreur, et ses amis de Toscane (Colletta, Vieusseux, Nicolini, Montari, Capponi, etc.), en ressentent un chagrin si réel qù'ensuite ils lui dépeignent *toute leur angoisse dans ces tristes journées*. Colletta désire qu'il soit son hôte, puis il lui fait accepter une pension mensuelle. Antonio Ranieri enfin ne le quittera plus. Et en le soignant, en le réconfortant, en se dévouant, il se donne une mission sans exemple dans les annales de l'amitié et de l'admiration.

Ranieri avait connu Léopardi à Florence en 1827. Il le revit en 1830, au retour de longs voyages. Mais combien il était changé ! — écrit-il. — « Pâle, maigre, ne mangeant que des fruits cuits, persuadé que la viande lui faisait mal, et cela à trois heures de la nuit ! Le résultat d'un pareil régime était un crachement de sang au moindre refroidissement, et l'obligation de garder le lit des mois entiers. » C'est en cet état qu'il recueillit le poète toujours anxieux à l'idée de retourner vivre à Récanati, et qu'il lui fit cette généreuse et solennelle promesse : « Léopardi, tu n'iras plus à Récanati. Le peu dont je sais pouvoir disposer suffit pour deux comme pour un. Et puisque c'est toi qui te donnes à moi, et non moi à toi, nous ne nous séparerons jamais [1] ».

Jacques passa environ un an à Florence dans

---

1. Cfr. Ranieri. *Sette anni di Sodalizio con Giac. Leop.* Naples 1880.

l'intimité de Ranieri, un peu mieux comme état général, mais toujours plus ou moins incommodé par l'état de ses yeux. Nous ne connaissons de sa vie, en 1831, d'autre événement notable que sa nomination par ses concitoyens de *Député de District* à l'Assemblée de Bologne, nomination qu'il déclina. Une lettre de juin qu'il écrivit à son père, nous apprend comment ce dernier avait proposé à Jacques de faire imprimer à Florence, à son profit, ses propres manuscrits. Probablement ses *Dialoghetti* sur les questions en cours à cette époque, et que Monaldo plus tard publia différemment. Mais Jacques, qui connaissait les idées de son père, dut certainement redouter cette offre. Et il est curieux de voir comment il s'efforce de le persuader qu'il n'y a rien à faire à Florence pour cette publication. « Ici, en Toscane, — lui écrit-il, — le placement des manuscrits a toujours été très difficile; car si les libraires, besogneux et avares, ne les ont gratis, ils préfèrent rééditer des livres anciens, ou renouveler les éditions d'ouvrages modernes. De plus, aujourd'hui, dans les conditions malheureuses du commerce, on ne trouve à publier, même en France, que des revues ou des pamphlets politiques. Et non seulement en Toscane, mais en Lombardie, on n'entreprend plus d'éditions. J'ai eu occasion d'écrire à Milan pour un Russe de mes amis, très connu en Europe, qui désirait faire publier là un de ses plus intéressants manuscrits refusé ici par tous les libraires, il m'a été répondu qu'on ne pourrait l'imprimer qu'aux frais de l'auteur. C'est pourquoi je désire que vous ne laissiez pas échapper l'occasion de Venise, si rare en ce moment. La littérature subit partout un temps d'arrêt, et les pauvres lettrés restent en chemin. L'Anthologie a été sur le point de cesser, et elle ne se soutient que par l'engagement et l'appui pécuniaire de quelques donateurs. On ne voit en Europe que faillites de libraires. »

Je ne crois pas me tromper en voyant dans ces mots un empressement à détourner son père de l'idée de chercher pour son livre un éditeur à Florence. Et peut-être Monaldo pensait-il, lui, que la confusion du nom sur un ouvrage aussi purement orthodoxe que le sien, apporterait une sorte de correctif à la réputation, plutôt mauvaise à son point de vue, des *Operetti morali* de Jacques. Cela est si vrai que peu après, il fit à son fils certaines observations dont il reste la preuve dans une page curieuse de la Correspondance. Le poète s'efforce de faire entendre à son père que son intention était de faire de la *poésie en prose*, suivant l'usage d'aujourd'hui, et en même temps de suivre tantôt une mythologie, tantôt une autre, comme on fait en vers, sans être pour cela considéré comme païen, mahométan ou bouddhiste. Il l'assure que le livre a été généralement compris ainsi, et qu'il a circulé librement dans tout l'Etat romain, de Rome à Turin, etc., avec l'approbation de théologiens, censeurs très sévères, et qu'il en a été félicité par de très doctes prêtres. « Quant à modifier les passages que vous me signalez, et qui ne me sont pas présents en ce moment, je vous promets d'y penser sérieusement; mais Dieu sait que maintenant, il me serait matériellement impossible, je ne dis pas de corriger l'ouvrage, mais même de le relire ».

On rapporte à ce temps un petit roman d'amour qui aurait été brusquement interrompu par le départ de Jacques et de son ami pour Rome, départ qui eut lieu au commencement d'octobre 1831. Qui fut l'objet de cette passion, que l'on pourrait croire très vive, puisqu'elle parut nécessiter un dénouement si héroïque, et qu'on put lui attribuer l'inspiration de chants passionnés tels que *Il pensiero dominante, Amore e morte, A se stesso, Aspasia ?* Le seul témoignage direct que nous en ayons est assez vague, et ressort d'une lettre de Jacques à son frère : « Il est naturel que tu ne puisses deviner le motif de mon voyage à Rome, quand mes amis de Florence eux-mêmes, qui ont des données que tu n'as pas, se perdent en vaincs conjectures. Dispense-moi, je te prie, de te raconter un long roman plein de tristesse et de larmes. Quand nous nous reverrons un jour, peut-être aurai-je la force de tout te dire. Pour le moment sache seulement que mon séjour à Rome m'est comme un exil très dur, et que le plus tôt possible je retournerai à Florence. »

Sur ces mots, les curieux des questions léopardiennes émirent diverses hypothèses. Pour les uns l'héroïne du roman florentin fut Carlotta Lenzoli, née Médicis ; pour les autres Charlotte Bonaparte, fille de Joseph, ex-roi d'Espagne[1] ; pour d'autres encore, Madeleine Signorini-Pelzet, artiste dramatique ; enfin l'opinion la plus généralement admise, désigne Fanny Targioni Tozzetti Ronchiavecchi, dont la maison était proche de celle qu'habitait le poète lorsqu'il vint vivre chez Ranieri[2]. Qu'elle ait été la femme qu'il chanta dans *Aspasie*, c'est probable. Mais pour ce qui est du roman florentin, on sait maintenant que Léopardi y fut complètement étranger. Il s'agissait de Ranieri et de sa passion pour Madeleine Pelzet. Celui-ci la suivit à Rome et y entraîna son ami. Léopardi revint à Florence, et Ranieri suivit l'artiste à Bologne, *toujours absorbé par cet amour qui le rendait malheureux*, comme l'écrivait Léopardi lui-même à madame Targioni.

Léopardi avait passé près de six mois à Rome dans son inégal état de santé habituel. Comme il se trouvait alors fort à court d'argent, il se résigna à en demander à son père qui déjà lui avait

---

1. Léopardi, parlant de Charlotte Bonaparte, écrit : « femme de beaucoup d'esprit, qui mit sens dessus dessous la moitié de Florence pour me décider à aller chez elle. »

2. Cfr. G. A. Cesareo, *Nouvelles recherches sur la vie et les œuvres de G. Léop.* D'après la lettre adressée par Jacques à Fanny le 5 décembre de la même année, rien n'indique une aussi ardente passion.

fait don de quarante écus à l'occasion de Noël. Il avait motivé sa demande sur son impossibilité de recouvrer la somme de 107 écus prêtés au comptant à Naples, et qui lui étaient, disait-il, *indignement déniés*[1]. Monaldo lui envoya soixante écus

---

1. Ce prêt a pu être réel. Néanmoins ce qu'a rapporté Ranieri dans le *Sodalizio* revient à la pensée : « Quelques jours après mon arrivée à Rome, lors de mon premier séjour, et un peu fatigué de mon voyage, je fis venir, pour me tondre les cheveux, un perruquier en renom à cette époque, nommé Piersantelli, qui tenait boutique via dei Condotti, tout près de chez moi, et était patriote avant tout. Je l'attendis dans la petite pièce où il vint me raser. Comme ces gens lient facilement conversation, il me dit : « Je suis de Récanati. Il n'y a même pas longtemps que je suis revenu de mon voyage du mois d'octobre. Comment se fait-il que vous ayez chez vous le fils du comte Monaldo? »

Surpris par cette question brusque et inattendue je levai la tête et le regardai. Et lui voyant certain air malicieux, j'en eus un moment d'étonnement, puis m'étant ressaisi :

« Chez moi?... répondis-je gravement. Je ne sais ce que vous entendez par là. Vous voulez dire qu'étant deux amis, nous avons loué ensemble un appartement. »

Ignorant que nous étions tout près de la chambre de mon ami, il répliqua en souriant, et plus haut qu'il n'aurait dû :

« J'ai dit cela parce que je connais très bien les choses de là-bas, l'opposition entre le père et le fils, l'implacable haine de celui-ci pour le pays et ses habitants... »

Et il ajouta, avec une importune loquacité que je réprimai en redoublant de sévérité, d'autres détails particuliers que je connaissais beaucoup mieux que lui, ou qu'il ne me convenait pas d'entendre.

Aussitôt rasé je le congédiai, et il n'était pas encore sur le palier de l'escalier que Léopardi se montrait à la porte de la chambre.

« Comment, lui dis-je, déjà levé? »

Aussitôt entré, il me dit : « Te souviens-tu des *Ricordanze?* »

Il voulait parler de la poésie à laquelle il donna ce nom.

« Sans doute. J'en ai corrigé et recorrigé les épreuves il n'y a pas si longtemps à Florence. Je les sais par cœur. »

qu'il toucha dès son retour à Florence où l'attendait une autre satisfaction : sa nomination de
membre de l'Académie de la Crusca. Mais comme
s'il était écrit que jamais il ne jouirait complètement d'un plaisir, même sous le rapport moral,
il eut en même temps la contrariété de passer pour
l'auteur des *Dialoghetti* où le comte Monaldo avait
distillé la quintessence de ses idées ultra-réaction-
naires. Or, la sincérité des opinions étant chez
Jacques un des sentiments les plus fermes, il ne
put s'y résigner, et dans l'*Anthologie* de Florence,
dans le *Diario* de Rome, et ailleurs, il fit paraître
des déclarations propres à rectifier l'équivoque.
Il exhala à ce propos à son cousin Melchiorri son
indignation en ces termes excessifs : « Je ne veux
plus paraître marqué d'une tache au front pour
avoir fait ce livre déshonorant, plus que déshonorant, scélérat. Tout le monde ici m'en croit
l'auteur parce qu'il est signé Léopardi, que mon
père est totalement inconnu, que moi je suis
connu, donc l'auteur c'est moi. Jusqu'au gouvernement qui m'est devenu bienveillant à cause de

Et je lui en récitai certains passages.

« Bien !... Sais tu que j'enrage à la pensée que je passe
par la bouche de ces gens-là ; et apprends que j'ai inventé,
que j'invente et que j'inventerai toutes les histoires et tous
les romans du monde pour échapper à cet affreux chagrin,
et que de cette liberté je fais une condition expresse de l'offre
acceptée. »

Alors, étreignant sa main et imprimant deux gros baisers
sur ses joues décharnées je lui dis : « Léopardi ! pourvu que
je ne te perde jamais, invente tous les contes et tous les
romans moyenâgeux que tu voudras. »

ces sots et fanatiques dialogues ! A Rome je ne pouvais plus me nommer ni être nommé nulle part sans entendre dire : — *Ah ! l'auteur des Dialogues.* — Il est impossible que je dise tous les affronts que j'ai dû supporter pour ce livre. A Lucques il circule sous mon nom. Je publie ma déclaration dans tous les journaux d'Italie. Elle paraît en ce moment dans ceux de Toscane. En France j'en envoie une plus véhémente[1] ».

En même temps le projet de la publication du *Spettatore fiorentino* ayant échoué, et sa santé devenant toujours plus mauvaise[2], il se trouva très réduit dans ses ressources et fut obligé finalement d'avoir recours à sa famille pour obtenir une pension mensuelle.

La lettre qu'il adresse à son père le 3 juillet 1832 est d'une tristesse qui navre. Elle mérite d'être citée ici dans sa plus grande partie comme une page biographique de très grande importance :

« Vous savez — écrit le poëte — que la perte finale de ma santé vint des fatigues que je supportai quatre ans chez Stella, et pour arriver à ce

---

1. Longtemps il ressentit la contrariété de cette malencontreuse méprise, puisque, un mois avant sa mort, il en parlait encore à madame Maestri : « A mes ennuis sans nombre s'est ajouté en ces dernières années celui d'un livre signé Léopardi, contenant les plus sottes choses du monde, et dont l'ignominie retombe sur mon malheureux nom, parce que le public n'est ni capable ni soucieux de discerner les homonymes. » (Cfr. *Epist.*, 111, page 48.)

2. Il écrivait à sa sœur. « Je ne pense plus à ma santé ; car pour moi, peu importe maintenant santé ou maladie. (Cfr. *Epist.* II, page 487.)

résultat! Réduit au point de ne pouvoir lire,
écrire, penser, ni même parler (pendant une
année, et plus), néanmoins je ne perdis point
courage et quoique ne pouvant plus rien faire, je
tentai, avec ce qui était déjà fait, et mes amis
aidant, de trouver quelque autre moyen. Peut-
être l'aurais-je trouvé, en Italie ou ailleurs, si
l'extraordinaire malheur des temps ne fût venu
conspirer avec les autres difficultés, et les rendre
finalement insurmontables. La littérature est
réduite à rien en Europe, les éditeurs sont en
faillite ou près de l'être, et forcés d'abandonner
les entreprises en bonne voie. En Italie il serait
ridicule de prétendre en ce moment vendre avantageusement une œuvre littéraire, et de proposer
à des éditeurs des affaires nouvelles. De France,
d'Allemagne, de Hollande, où j'avais envoyé
quantité de manuscrits philologiques, avec l'espoir très justifié d'un profit, je ne reçois, au lieu
d'argent, que des articles de journaux, des bio-
graphies et des traductions. Je me trouve donc,
comme vous pouvez le penser, dans l'impossibilité d'aller plus loin.

Si jamais quelqu'un a désiré la mort sincère-
ment et ardemment, comme je la désire moi-
même depuis longtemps, certainement personne
ne m'a dépassé dans ce désir. Dieu est témoin de
la vérité de mes paroles; il sait quelles ardentes
prières je lui adressai (jusqu'à des triduum et des
neuvaines) pour obtenir cette grâce, et comme

mon cœur s'illuminait de joie au plus léger espoir de danger proche ou lointain ! Si la mort était en mon pouvoir, je prends de nouveau Dieu à témoin que je ne vous aurais jamais parlé ainsi, car la vie, *partout*, m'est abominable et pénible. Mais puisqu'il ne plaît point encore à Dieu de m'exaucer, j'irais finir mes jours à Récanati, si y vivre, avec l'impossibilité présente de m'occuper, ne dépassait l'immense force que j'ai de souffrir. Cette vérité (dont vous devez être également persuadé par la dernière et dure expérience), m'est tellement entrée dans l'esprit, que malgré tout le chagrin que j'éprouve à être éloigné de vous, de ma mère, de mes frère et sœur, je suis irrévocablement décidé à ne retourner là définitivement que mort. J'ai un extrême désir de vous embrasser ; seule l'absence des moyens de voyager a pu et pourra s'y opposer dans les saisons propices. Mais revenir sans la certitude matérielle d'en pouvoir repartir un mois ou deux après, est chose sur laquelle mon parti est pris, et j'espère que vous me pardonnerez, si mes forces et mon courage ne vont pas jusqu'à supporter une vie qu'il est impossible de supporter.

Je ne sais si les conditions de la famille vous permettront de me faire une petite pension de douze écus chaque mois. Avec douze écus on ne vit pas largement, même à Florence, ville la moins dispendieuse de l'Italie. Mais je ne cherche pas à vivre largement. Tout compte fait, en me

privant un peu, douze écus suffiront. Le mieux
serait la mort; mais la mort nous devons l'attendre de Dieu. Dans le cas où vous pourriez et
voudriez ce dont je vous prie, vous n'auriez qu'à
tenir à ma disposition tous les deux mois, la
somme de vingt-quatre écus, chez l'un de vos
correspondants de Rome, en me l'indiquant; et
je tirerais sur lui la dite somme par une lettre de
change. Mon désir serait que votre ordre fût de
vingt-quatre francesconi, ce qui pour vous aug-
menterait peu la dépense, et pour moi la différence
serait sensible, à cause de la perte considérable
dans le change des écus romains ou espagnols,
contre les écus toscans. Et vous savez que ceux-
ci[1] ont cours ici, comme chez vous les *colonnati*[2].

Si les circonstances, mon cher papa, ne vous
permettent pas de satisfaire à ma demande, je
vous prie instamment et en toute franchise, de
ne vous faire aucune difficulté de la rejeter. Je
prendrai un autre parti; peut-être aurais-je dû
m'y décider sans vous ennuyer autrement par ce
discours. Mais ce parti dont je parle, est tel, que
vraisemblablement, avec ma santé, je ne pourrais
résister longtemps. J'ai donc craint que vous
n'ayez à faire à ma mémoire un reproche de
l'avoir pris sans me confier d'abord à vous sur
les choses que je viens d'exposer. Enfin j'éprouve
d'une part, tant de chagrin de vous causer un

1. Les *francesconi*.
2. Écus espagnols.

ennui, et de l'autre je suis si loin d'un désir capricieux et d'un espoir de bonheur en voulant vivre hors de Récanati, que j'ai été jusqu'à souhaiter, et que je souhaiterais encore me voir ôter toute possibilité de recours à ma famille; parce que ne pouvant pourvoir moi-même à ma subsistance, et pouvant encore moins mendier, je me trouverais matériellement dans l'obligation absolue et fatale de mourir de faim.

Pardonnez, mon cher papa, ce triste entretien qui m'a paru nécessaire; il est, et sera le dernier de ma vie. Croyez à ma complète indifférence quant à mon avenir sur cette terre. Et si ma demande vous paraît excessive, importune ou indiscrète, n'en faites aucun cas.

S'il plaît à Dieu que je vive encore, je ne cesserai de m'employer de toutes mes forces, comme par le passé, afin d'avoir le moyen de vivre sans embarras pour la famille, et de faire cesser les subsides que je vous demande aujourd'hui[1].

La requête n'eut pas immédiatement de complet résultat. Cependant Jacques obtint quelques dizaines d'écus de Monaldo qui les lui fit parvenir à l'insu de sa femme. Il ne put avoir de pension mensuelle qu'en écrivant à sa mère, sur le conseil de Monaldo.

Le 17 novembre il lui écrivit donc en lui répé-

____

1. Cfr. *Epist.* III, page 489.

tant plus succinctement les motifs qu'il alléguait
dans sa lettre de juillet à son père, et il ajoutait :
« Vous voyez que je ne demande pour vivre ici
que ce qui est accordé à Charles là-bas ». Ainsi
fut consentie cette petite rente mensuelle de
douze écus, somme insuffisante pour vivre,
même médiocrement, mais que le poète avait lui-
même fixée ; concession tardive, parce que sans
doute, avec son esprit fier, Jacques n'avait pu se
résoudre à la demander plus tôt, mais faite toutefois sans récriminations et sans mauvaise volonté.
Une lettre du 11 décembre de Jacques à son père
et à sa mère, en fait foi. Il exprime sa gratitude
pour la *grande bonté* de l'une, pour la *cordialité*
de l'autre, dont les *quelques lignes* l'ont *ému*. Et
si c'est une preuve que les parents du poète
n'étaient pas absolument cruels et dénaturés,
c'est une preuve aussi du sentiment filial et de la
discrétion qui étaient en lui.

Mais cette pension minime ne pouvant suffire
à toutes les nécessités de sa vie, il chercha à se
procurer d'autres ressources par l'intermédiaire
de l'abbé Giuseppe Manuzzi qui l'amena à divers
arrangements avec l'éditeur Passigli. Il reçut,
dit-on, de ce dernier quinze ou vingt sequins,
somme qui lui était nécessaire sans doute pour
se rendre à Naples avec Raniéri au commencement d'octobre 1833. Poursuivi par la malechance
jusque dans les bruits rapportés sur son compte,
la nouvelle de son arrestation pour des causes

politiques s'était alors répandue, tandis qu'il s'agissait d'un certain Pierre François Léopardi des Abruzzes. Et comme en 1828 le bruit de sa mort à Récanati avait couru à Florence, de même en 1832, courut à Récanati le bruit qu'il était mort à Florence.

Il n'allait certainement pas bien, et se servait pour sa correspondance de la main de son ami, ne pouvant même user de ses yeux pour lire les lettres qui lui étaient adressées. De plus, une maladie douloureuse et grave le mit à la torture durant cinquante jours. Le climat de Naples lui parut alors le remède suprême, et il se décida à y suivre Ranieri. Mais en fuyant les climats qu'il jugeait nuisibles pour ses yeux, le poète ne pouvait échapper à lui-même ; et en lui était l'intarissable source de ses souffrances morales et physiques ! Ne se trouvant pas très bien de Naples, il nourrit la pensée d'aller à Paris et d'y finir ses jours, comme il l'écrivit à M. de Sinner l'année suivante en mars. En attendant, voulant gagner quelque argent, il offrit de collaborer à des Revues françaises. Mais ce ne furent que projets vains, car il n'était plus en état de quitter Naples, ni de tirer profit d'un travail littéraire. L'année 1834 se passa donc aussi entre ses projets, ses souffrances, et son ennui.

Dans ce pénible état son irritabilité s'accrut au point qu'il désira retourner à Récanati. Il écrivit donc à son père en février : « Ma principale pensée maintenant est de tout disposer de manière à pouvoir sortir d'ici au plus vite. Dès que ce sera matériellement possible, soyez très certain que je partirai pour Récanati, car je suis au fond de l'âme très impatient de vous revoir, outre le besoin que j'ai de quitter ces lazzaroni et ces pantins, nobles et plébéiens, tous voleurs et fripons, bien dignes des espagnols et de la potence[1] ». Un peu plus tard cependant, il avouait à M. de Sinner que le climat de Naples lui fut plutôt favorable : « Après un an de séjour à Naples, j'ai fini par sentir les bienfaisants effets de ce climat vraiment salutaire, et il est incontestable que j'ai gagné ici plus que je n'avais osé l'espérer. L'hiver dernier j'ai pu lire, composer et écrire différentes choses. Cet été j'ai pu veiller (bien qu'avec peu de succès, quant à la correction typographique) à l'impression du petit livre que je vous envoie. J'espère maintenant me remettre à quelques études, et mener plus loin d'autres travaux durant cet hiver. » Le *petit livre* mentionné, est celui de ses Poésies, que publia l'éditeur napolitain Saverio Starita, avec lequel Léopardi avait passé un contrat pour la publication de ses œuvres en six volumes, à cinq ducats chaque feuille d'imprimerie. Mais la bourse du poète ne s'en trouva pas mieux garnie, et pour ajouter à toutes ses préoccupations, il se trouva dès lors dans une gêne

1. Cfr. *Epist.* III.

perpétuelle et de fréquents embarras. Il lui fallut donc encore avoir recours aux siens pour des subsides supplémentaires, qu'on ne lui refusa point, et qu'il s'ingéniait à rendre plus sûrs et plus prompts, au moyen de ces *contes* que Ranieri lui avait donné la faculté d'embellir à son gré[1]. Il n'eut pas seulement recours à son père, mais à M. de Bunsen auquel il rappelle l'offre qu'il reçut de lui dix ans auparavant, et le prévient qu'il tire sur lui douze louis par lettre de change[2]. Puis, sa gêne augmentant à mesure que s'affai-

1. Ainsi Jacques manifestait parfois à son père des sentiments religieux qu'il n'avait certainement pas. Et Chiarini lui donne raison en disant : « Il était poussé à cela par le désir, plus louable que blâmable, d'être agréable à son père et de garder son affection, en même temps par le désir de ne pas accroître davantage la distance déjà si grande qui les séparait par le fait de leurs opinions. Dans une lettre intime il n'y a pas seulement l'esprit de celui qui l'écrit, il y a aussi un peu de celui qui la reçoit. Pour la juger à sa juste valeur il faut juger des sentiments de chacun, de leurs relations de parenté et d'amitié, ou de telle autre raison que ce soit. D'ailleurs quand Léopardi croyait devoir parler franchement à son père, il sut le faire parfaitement. » Cfr. *Ombre e figure*. Voir aussi : *Saggi critici* D'Ovidio.

2. A Naples la vie devait être plus coûteuse qu'à Florence, d'après ce qu'il écrivait à M. de Sinner en janvier 1836. « Ici un homme seul vit assez difficilement avec 150 francs par mois ; médiocrement avec 200 ; commodément, bien que sans luxe, avec 250. » En fait, Léopardi, outre sa rétribution mensuelle, tirait de temps à autre quelques écus que les siens payaient. Bien que les lettres de Jacques à ses parents aient été plus rares dans cette période, on remarque qu'elles se terminent avec plus d'expansion de sentiment, surtout pour sa mère. L'éloignement, un vague pressentiment de ne plus les revoir, cette ineffable tendresse que manifestent ceux qui sont affaiblis dans leur santé et se sentent près de leur fin, expliquent certainement ce changement.

blissaient ses forces, il tira une nouvelle lettre de change de douze louis, sur sa famille. Cette somme, jointe aux dix écus donnés à Noël, et à dix autres vers mai 1837, forme, avec la pension de vingt-quatre écus tous les deux mois, le dernier est le plus important secours apporté par les Léopardi à la triste existence de leur très glorieux enfant. A ce moment, il voyait tomber son dernier espoir de gain, l'édition de ses Œuvres, déjà commencée par Starita, se trouvant suspendue pour refus d'autorisation de publication. « Ma philosophie — écrit-il tristement à M. de Sinner — a déplu aux prêtres qui ici, et partout, sous un nom ou sous un autre, peuvent toujours et pourront éternellement tout ».

Au milieu de tant de soucis, sa santé, que le bon effet du climat semblait avoir améliorée entre 1835 et 36, allait s'affaiblissant. Il avait alors écrit à madame Maestri : « Depuis dix-huit mois, principalement depuis un an, je ne puis que me féliciter de ma santé ; le quartier de la ville où je suis venu habiter étant assez élevé et presque champêtre, l'air y est vif et salubre. J'écris un peu, pas autant que je le voudrais pour mon plaisir, parce qu'il me faut veiller à la publication qui se fait ici d'un recueil de quelques-uns de mes travaux ».

Mais cette trêve dura peu. Le choléra qui commençait à sévir à Naples lui causa une grande appréhension, presque de l'épouvante, qui s'ajouta bientôt à de plus cruelles souffrances. Dans une lettre de mars 1837, il fait à son père le récit de ses maladies pendant cette période. « Grâce à Dieu, j'ai échappé au choléra, mais à quel prix ! Après avoir passé à la campagne plusieurs mois d'incroyables angoisses, courant tous les jours et d'une minute à l'autre, le danger d'une mort certaine, et après avoir enduré un froid comme jamais, en aucun hiver, si ce n'est à Bologne, je n'en éprouvai de semblable, ma pauvre machine, avec ses dix ans de plus, ne put résister, et en décembre, alors que la peste commençait à décroître, la jambe droite jusqu'en haut du genou, enfla et devint le double de l'autre, avec une teinte épouvantable. Il m'était impossible de consulter un médecin, car dans cette campagne éloignée, une visite de médecin ne coûte pas moins de quinze ducats. Je gardai donc mon mal jusqu'au milieu de février. A ce moment, bien que ne quittant point la maison, à cause de la rigueur extrême de la saison, je fus pris d'une maladie de poitrine accompagnée de fièvre, et toujours sans pouvoir consulter personne. Enfin la fièvre ayant cessé d'elle-même, je revins en ville et repris aussitôt le lit pour ma convalescence, et j'y suis encore. Cette abominable saison ne m'a pas permis de sortir depuis, pour rétablir mes forces par de l'air et du mouvement. Malgré cela, dans cette demeure tiède et saine, je me sens renaître, le genou et la jambe, soit pour cette raison, soit par l'effet du lit, soit par un cours détourné de l'humeur, sont désenflés, en sorte que je me sens à peu près guéri ».

Mais à peine guéri de sa jambe, d'autres maladies se déclarèrent, et à la fin de mai il écrivait à madame Maestri : « Pour la première fois de ma vie je subis une véritable crise d'asthme, et suis empêché de marcher, de me coucher et de dormir. De plus, l'œil droit, menacé d'amaurose et de cataracte, m'oblige à vous répondre par une autre main que la mienne ».

Cette lettre, la dernière qui reste de lui, est presque solennelle par le triste pressentiment sur lequel elle se termine : « Les faits m'ont persuadé désormais de ce que j'ai depuis longtemps prévu, que le terme prescrit par Dieu à ma vie n'est plus éloigné. Mes souffrances physiques, quotidiennes et incurables sont arrivées avec l'âge à un point tel, qu'elles ne peuvent plus s'accroître. Quand la faible résistance que leur oppose encore mon corps moribond, sera enfin à bout, j'espère qu'elles me conduiront à l'éternel repos. Chaque jour je l'invoque ardemment, non par héroïsme, mais par la rigueur des peines que j'endure[1] ».

Quinze jours après, le 14 juin, ayant eu l'expérience de tous les genres de maladie, consumé par la phthisie, infecté par la phtiriase, oppressé

---

1. Cfr. *Epist.* III.

par l'asthme, devenu presque aveugle par l'amaurose, il finit par mourir étouffé par l'hydropisie,
au moment où il se préparait à se rendre de
Naples à la campagne, où les médecins espéraient
quelque soulagement à l'excessive souffrance de
son corps ruiné [1].

Les douleurs inexprimables de Jacques Léopardi eurent ainsi leur terme. Il fut la victime de
l'inexorable destin, comme l'a dit Ranieri qui se
montra pour lui un ami, un hôte, un frère, un
garde-malade, tout enfin dans l'agonie des sept
dernières années de sa vie, alors que ses frère et
sœur, naguère affectueux, changés d'esprit ou de
dispositions, se montrèrent moins soucieux du
malheureux qui languissait loin d'eux [2].

D'après le *Sodalizio* de Ranieri, qui aurait pu
nous apporter bien d'autres renseignements inté

1. Ranieri. *Lette anni di Sodalizio con G. Léop.*
2. Charles ayant quitté la maison pour se marier pouvait
dire qu'il se trouvait pris par d'autres devoirs ; mais Pauline,
l'affectueuse, la tendre *Pilla*, pourquoi écrivait-elle si rarement
à son frère? En décembre 1835 Jacques se plaint de ce que
depuis *plus d'un an*, elle ne lui ait pas écrit; et rien ne vient
démontrer qu'elle lui ait adressé des lettres. Il semble aussi
que Charles et sa sœur, à mesure qu'ils en venaient à partager les idées des parents, se soient désintéressés des confidences de Jacques en ce qui se rapportait à ses habitudes, ses
projets, ses écrits. Cette supposition se fonde sur ces mots
écrits par Jacques à son père le 11 décembre 1836 : « Si Dieu
m'accorde de vous revoir ainsi que maman, mon frère et ma
sœur, vous reconnaîtrez que je n'ai pas démérité le moins du
monde, la part du bien que vous désiriez auparavant pour
moi, à moins que le malheur ne diminue l'affection des parents,
des frères et des sœurs, comme il l'éteint chez tous les
hommes. » Cfr. *Epist.* III, page 37.

ressants, et d'après des mémoires et documents contenus dans les volumes déjà cités, on relève de plus ou moins curieux détails sur la vie de Léopardi à Naples chez son ami. Ainsi nous savons l'irrégularité et la bizarrerie de ses habitudes, son goût prononcé des friandises, chocolat, glaces, etc., et son peu de goût de la campagne ; ses bonnes relations avec le poète allemand Platen ; les railleries dont il était l'objet à Naples, et les escroqueries dont il dut être victime ; la singulière légende répandue à Récanati, qu'il fut décapité pour ses opinions hétérodoxes, et une autre légende, embellie par les Jésuites, de la conversion du poète au moment de sa mort. Mais nous passerons sur ces détails qui ne se rattachent point particulièrement à notre sujet, et nous bornerons à remarquer que l'activité poétique de Léopardi ne cessa point à Naples. « Pendant les sept années qu'il vécut avec nous — dit Ranieri — en outre des *Paralipomènes de la Batrachomyomachie*, beau et bon petit poème, et des Fragments épars que j'intitulai ensuite *Pensées*, il composa presque toute la seconde moitié de ses *Chants*, la plus belle peut-être, car il s'en trouve quatre ou cinq vraiment nouveaux, et sans autre exemple dans la poésie italienne [1] ».

---

1. Ces chants composés à Naples sont : *Il pensiero dominante, Amore-Morte, Aspasia, Sopra un bassorilievo, Sopra il ritratto d'una bella donna, Palinodia, Il tramonto della luna, La Ginestra.*

D'après le portrait que donne de lui Ranieri, Léopardi était de taille moyenne, courbée et fluette ; il avait le teint pâle, tournant au blafard, la tête grosse, le front large et carré, les yeux bleus et sans vie, le nez effilé, les traits fins et délicats, la voix faible et un peu éteinte, le sourire doux presque angélique.

Son cadavre, « sauvé comme par miracle de la sépulture commune à laquelle, riches ou pauvres, atteints ou non de la peste, étaient également condamnés par la sévère loi du moment, fut déposé dans la petite église suburbaine de San Vitale, sur la route de Pozzuoli. Sous la voûte d'entrée une pierre en est, pour le passant, un modeste et pieux rappel. »

Il avait un caractère droit, loyal, modeste, sentait vivement sa dignité d'homme, d'écrivain et de patricien, et la maintint intacte au prix de grandes peines et privations. Avide de renommée et de gloire, il s'irritait qu'un autre y apportât obstacle, et il en voulut à Tommaseo qui lui déconseilla, paraît-il, l'édition de ses œuvres à Paris. Son jugement sur les contemporains et sur ceux qu'il connut, comme Manzoni et Mamiani, ne fut peut-être pas toujours conforme à leur mérite. C'est pourquoi on put, et Ruth notamment, l'accuser de vanité ; mais à tort cependant, car son intention était droite et bonne autant que son esprit était élevé, et ceux qui l'approchaient se prenaient bientôt de passion pour lui ; le mot

n'est pas exagéré. Giordani, Brighenti, Papadopoli, les Maestri, Colletta, Vieusseux, Ranieri, en
font témoignage, de même que les allemands
Niebhur, Bunsen et De Sinner.

Peut-être ne parut-il pas, à quelques-uns de
ses amis, répondre suffisamment à leur affection
et à leur sollicitude. Giordani en manifesta ses
regrets, d'autre aussi, non sans raison. Voici
comment, en 1839, il s'en plaignit à Brighenti :
« Léopardi cessa de m'écrire dès qu'il commença à être connu, et quand j'allais le
voir à Florence il ne trouvait rien à me dire.
Quelques-uns ont eu place dans ses écrits ;
de moi il n'a point parlé. Son cœur ne paraît pas
répondre à son intelligence ». Et un peu après :
« Je crois que Jacques était naturellement bon
et affectueux, mais je crois qu'ensuite il devint
fort égoïste. D'une passion extrême il a passé
à plus que de l'indifférence pour moi, et il a eu
tort ».

La plainte de Giordani, quant à la place que donnait Jacques à des amis dans certains écrits, n'est
peut-être pas parfaitement fondée. Ranieri, qui
lui fut plus qu'un frère, n'est cité qu'une fois, et
parce qu'il le fallait, à propos d'une anecdote où
il avait grande part. Il chanta Monti et Mai, mais
dans l'enthousiasme de sa jeunesse ; et s'il dédia
une poésie à Capponi, une autre à Carlo Pepoli,
ce fut en raison sans doute de circonstances particulières et non par un témoignage spécial d'af-

fection ou de sympathie, car ni l'un ni l'autre n'était de ses intimes.

Dans son âge mûr il n'était nullement porté aux épîtres dédicatoires. S'il espaça ensuite ses lettres, lui accablé de maladies, manquant du nécessaire, sollicité par des désirs variés ; s'il se tourna plutôt du côté où lui souriait l'espoir d'une situation ou d'un gain, et si, replié en lui-même, l'esprit obsédé par ses inexprimables et irrémédiables souffrances, il n'eut ni la volonté ni la force d'entretenir d'anciennes amitiés et de continuer une correspondance autrefois chère, qui pourrait l'accuser d'ingratitude? Que peu à peu, avec les années et l'aggravation de ses infirmités, il soit devenu plus irascible et plus égoïste, cela est de toute évidence. Mais ce n'est que l'égoïsme inconscient et irresponsable de tous les malades ; il peut avoir froissé très justement un galant homme dans son amour-propre et dans sa légitime attente, mais il ne peut rien enlever cependant à la figure morale du poète qui fut vraiment et foncièrement bon.

CHAPITRE IV

LA POÉSIE DE LÉOPARDI

*Canzone all'Italia. — Canzone per il monumento di Dante. —
Intermède romantique. — Idilli. — Consalvo. — Seconde
manière de la poésie léopardienne. — Ad Angelo Mai. —
Nelle nozze della sorella Paolina. — Bruto minore. — L'ulti-
mo canto di Saffo. — Alla Primavera. — Ai Patriarchi. —
Alla sua donna. - A Carlo Peppoli. — Risorgemento. — A
Silvia. — Paysages léopardiens. — Canto notturno del Pas-
tore errante. — Aspasia. — Amore e morte. — Palinodia. —
La Ginestra. — Paralipomeni della Batrachomyomachia. —
Epilogue.*

Si dans la vie des grands écrivains il faut ordi-
nairement chercher le principe dynamique de
leur œuvre littéraire, c'est plus que jamais nécessaire pour Léopardi dont l'existence dépourvue
d'événements ne fut que douleur et méditation.
De là une étendue relative donnée à la matière des précédents chapitres, puisque dans la
multitude des études et des recherches léopardiennes, il n'y a pas de biographie exacte et

complète du poète. Nous l'avons vu enfant, s'enfermer dans la bibliothèque de son père, et acquérir une remarquable érudition, puis, tout pénétré de l'esprit de l'art et de la vie antique, dédaigner et méconnaître tout le présent, penser que tout était à faire ou à refaire, ne reconnaître que dans l'antiquité classique des préceptes de sagesse et des exemples de grandeur, des sujets et des formes à l'éloquence, et des images à la poésie.

Le premier fruit poétique à remarquer de cette tendance, ou mieux, de cette habitude intellectuelle du poète, ce fut son chant *A l'Italie* et celui *Sur le monument de Dante*, publiés tous deux en 1818. Le premier[1], souvent comparé à la canzone de Pétrarque, me paraît moins original, moins éloquent, moins inspiré. Moins original précisément parce que le mouvement est imité de Pétrarque; que le développement, les procédés de style et de rhétorique, sont ceux de Filicaia, dans la première partie du moins; que l'idée générale et certaines idées particulières, les images, les expressions, rappellent différentes canzoni dé

---

1. Cfr. F. de Sanctis — *La première canzone de Léop. Nouveaux Essais critiques*, Naples 1892. — G. A. Cesareo, *L'Italie dans le chant de Léop.* Nouvelle Anthologie, août 1789. — En ce qui concerne l'importante bibliographie des poésies de Léopardi, on peut consulter les *Tables historico-bibliographiques* de la Littérature italienne des professeurs G. Finzi et L. Valmaggi, (Turin Loëscher 1889,) et la petite biographie léopardienne qui précède mon *Commentaire aux chants de G. Léop.* Florence, Bemporad, 1895.

Benedetti[1] composées trois ou quatre ans auparavant, et elles-mêmes pétrarquisantes. Moins éloquent parce que la plupart des concepts et des images ne sont point tirés du vivant de la conscience historique et morale de l'époque, mais de formules de rhétorique qui avaient déjà amplement fourni à notre lyrique héroïco-patriotique, à commencer par Guidiccioni, Filicaia, Testi, jusqu'à Alfieri, Monti, Benedetti. Moins inspiré enfin parce qu'il ne jaillit pas spontanément du cœur du poète qui vit et souffre au milieu d'afflictions qu'il déplore, et parce qu'il est travaillé à froid entre une page d'un classique grec et une page d'un classique italien, sans un sentiment réel des conditions de la patrie, et avec une idée fondamentale qui n'est autre que cette antithèse : *Già fu grande, or non è quella.*

J'ai parlé des Odes de Benedetti comme d'une source d'où proviennent quelques pensées et quelques images de ce chant léopardien. C'est d'abord la personnification de la femme dépouillée de ses *atours dorés* qui

> . . rivela dal lacero manto
> Non senza largo pianto
> L'aspre ferite[2].

---

1. Les deux canzoni à *l'Italie*, l'une *Pour le retour du grand duc Ferdinand III en Toscane*, l'autre *Pour Joachim Murat*, dans le deuxième volume des Œuvres de Benedetti. (Florence, Le Monnier, 1828.)

2. Laisse entrevoir à travers son manteau déchiré les terribles blessures qui lui arrachent d'abondantes larmes.

C'est la douleur de voir ses fils combattre pour ses tyrans :

> I figli ahi! chi mi fura?
> Né andar li veggio a morte
> Per la difesa delle patrie mura;
> Ma combattono sol per le ritorte.
> Ah! li traccina ambizion feroce
> Alla iperborea foce
> Di sangue a imporporar la scizie nevi.

C'est le rappel de la défaite du *téméraire Xercès* qui couvrit de *vaisseaux et de soldats*, toute l'étendue de la mer Égée, et qui

> In picciol legno...
> Cercando il noto lido
> Fuggitivo lo vide il mar d'Abido [2].

Et les idées exprimées par Léopardi entre le 54° et le 125° vers, se trouvent esquissées avec plus de mots et moins d'art, certainement, dans ces strophes de Benedetti :

> Bello è di strage orrenda e sanguinosa
>   Aspersi ritornando,
>   Vederne l'elmo e il brando,
> Stretta al seno, slacciar la cara sposa :
>   Alfin sei mia! gridando ;
>   Dirvi miei posso, o figli,
> Non piú esposti dei barbari agli artigli!

1. Mes fils, hélas, qui me les prend? Je ne les vois point aller à la mort pour défendre les murs de leur patrie. Ils ne combattent que pour les oppresseurs. Hélas, une ambition coupable les entraîne à la frontière du nord, empourprer de sang les neiges de Scythie.

2. Monté sur une nef fragile, traversa en fuyant, la mer d'Abydos, pour se réfugier sur le rivage bien connu.

Bello è mostrar nel generoso petto
    Le margini vivaci !
    Chi le terga fugaci.
    Volge, è indegno trovar i suoi ricetto.
    Daran gli estremi baci
    Allegre ai figli estinti
    Le ausonie madri, e avranno orror dei vinti.
Bello è narrar le imprese, e in licti cori
    Goder dei vati il canto,
    E dei fratelli il pianto,
    Che l'urne sacre spargeran di fiori !
    Dirà l'eterno canto
    La pietra ambiziosa :
    « Qui pugno per la patria, e qui riposa [1]. »

Il est difficile de croire que ces ressemblances soient toutes accidentelles. Mais, lors même qu'elles ne le seraient pas, le génie poétique de Léopardi n'est pas moins évident, car en s'assimilant des pensées déjà exprimées par d'autres, il a su les détacher avec infiniment de discrétion, les animer de son propre souffle et leur donner une forme plus belle et plus magnifique.

1. « Il est beau au retour d'un terrible et sanglant combat, de voir l'épouse chérie, pressée sur son cœur, détacher le casque et l'épée, et de pouvoir s'écrier : tu m'es enfin rendue ! Et vous, ô enfants, au fer des barbares vous n'êtes plus exposés !

Il est beau de voir dans un cœur magnanime les blessures encore vives. Celui qui fuit le combat est indigne de trouver asile parmi les siens. Et vaillantes, elles donneront le suprême baiser à leurs fils sans vie, les mères italiennes, et n'auront que mépris pour les lâches.

Il est beau de narrer les hauts faits, et d'entendre en de doux accords le chant de nos poètes et la plainte de nos frères, qui couvriront de fleurs les tombes sacrées. Elle dira, la pierre orgueilleuse, l'éternelle parole : Ici, pour la patrie il a combattu, et ici il repose. »

Des deux parties bien distinctes dont le chant est composé, la seconde est en réalité la seule qui par le fond soit vraiment poétique. Dans la première il y a de l'emphase, un abus d'interrogations, une émotion en quelque sorte artificielle qu'on ne peut confondre avec l'inspiration lyrique. Quant au style, il n'est pas sans défaut. Voyons le commencement : *O ma patrie... Je vois tes murs, tes arcs de triomphe, tes colonnes, tes statues, tes tours antiques...* Il s'adresse donc à l'Italie, entendue topographiquement dans l'étendue de son territoire, non comme personnification. Puis il poursuit : *maintenant tu es désarmée...* ceci peut aller encore ; mais, *tu laisses voir à nu ton front et ton cœur*, ne va plus du tout, parce que dans la même phrase, la *patrie*, au sens concret, à laquelle se rapportaient des attributs aussi réels que des *murs*, des *colonnes* et des *tours*, se transforme sous nos yeux et devient une abstraction, une création de l'imagination, c'est-à-dire une figure de rhétorique.

De même cette finale de la seconde strophe :

> L'armi qua l'armi ; io solo,
> Combattero, procombèrò sol io[1].

dont la magnanimité n'est pas d'abord sans quelque effet. Si ce cri eût été lancé par Alfieri, par Foscolo, par Poerio ou Mameli, à qui n'eût-

---

1. Des armes, à moi les armes ! Seul je combattrai, seul je succomberai.

il pas paru magnanime? Mais il y a une telle disproportion entre ces mots sonores et les conditions particulières de la vie et de la personne du poète, qu'ils paraissent trop hyperboliques à l'examen froid du critique, et plutôt faits pour provoquer un sourire qu'une émotion vive. C'est que son sentiment patriotique n'était entretenu par aucune condition favorable de milieu, par aucune connaissance directe des mouvements politiques qui se préparaient, ni même par aucune participation consciente aux tendances qui ne se manifestaient encore et ne se répandaient que discrètement. Comme l'amour de la gloire, celui de la Patrie grandit bientôt puissamment dans le cœur du jeune poète, d'abord en vertu de sa noble nature portée aux sentiments les plus élevés et les plus généreux, puis de son amoureuse étude des classiques et de l'enthousiasme avec lequel nous l'avons vu en admirer la grandeur et la beauté. On ne peut donc s'étonner, ni incriminer le poète s'il composa son chant de ses habituelles pensées, et si, par les expédients et les procédés de style, par le dessin et la couleur des images, il s'éloigna peu des usages de notre traditionnelle poésie lyrique. Dans cette première canzone et plusieurs des suivantes, il fut, ce que Carducci déclarait être lui-même — le paladin des classiques.

La seconde canzone — *Sur le monument de Dante* — sœur jumelle de la précédente, est plus longue d'un tiers et plus dénuée de mouvement. A défaut d'un souffle chaud le poète y fait preuve d'éloquence. L'abondance et la solennité des pensées et des sentences, l'allure sérieuse, le ton général, la construction particulière de la strophe et de la période, la rapprochent plus encore de notre canzone classique. L'agencement de la phrase, le choix et la disposition des mots rendent souvent le tour large et grave, le développement pompeux de la canzone du *cinquecento*.

Le fragment suivant en est un exemple :

> Spirti v'aggiunga e vostra opra coroni
> Misericordia, o figli,
> E duolo e sdegno di cotanto affanno
> Onde bagna costei le guance e il velo,
> Ma voi di quale ornár parola o canto
> Si debbe a cui non pur cure o consigli,
> Ma dell' ingegno e della man daranno
> I sensi e le virtudi eterno vanto
> Oprate e mostre nella dolce impresa?
> Quali a voi note invio, si che nel core,
> Si che nell'alma accesa
> Nova favilla indurre abbian valore [1]?

1. Que la pitié vous donne, ô mes enfants, le courage d'achever votre œuvre, et vous remplisse de compassion et d'horreur pour les larmes amères qui inondent ses traits et son voile. Mais par quels mots, par quels chants doit-on vous louer, vous, (les artistes) qui obtiendrez une gloire éternelle, non seulement par les soins et les conseils dont vous avez favorisé cette belle entreprise, mais aussi par les qualités de génie que vous avez montrées et déployées? Pourront-elles, ces paroles que je vous adresse, enflammer vos cœurs d'une ardeur nouvelle?

L'imitation petrarquiste est très apparente dans les vers suivants :

Se di cosa terrena
Se di costei che tanti alto locasti
Qualche novella ai vostri lidi arriva,
Jo so ben che per te gioia non senti,
Che saldi men che cera e men ch'arena
Verso la fama che di te lasciasti,
Son bronzi e marmi; e dalle nostre menti
Se mai cadesti ancor, s'unqua cadrai,
Cresca, se crescer può, nostra sciaura,
E in sempiterni guai
Pianga tua stirpe a tutto il mondo oscura.
Ma non per te; per questa ti rallegri
Povera patria tua, s'unqua l'esempio
Degli avi e dé parenti
Ponga ne' figli sonnacbio si ed egri
Tanto valor che un tratto alzino il viso [1].

On a remarqué dans le chant *A l'Italie* une certaine exagération d'expression ; on peut remarquer aussi que la pensée d'une recherche parfois trop subtile, ne s'allie guère à la chaleur lyrique, comme dans les vers suivants :

1. Si des choses de la terre, si de celle (l'Italie) que tu élevas si haut, un écho parvient jusqu'à vos bords, je sais que tu ne t'en réjouis pas pour toi-même, car le bronze et le marbre, pas plus que la glaise ou le sable, n'ont de durée auprès de la gloire que tu laissas à ton nom. Et si, chose impossible, tu devais un jour disparaître encore de nos esprits, que notre malheur grandisse s'il se peut, et qu'en d'éternelles douleurs la postérité avilie, gémisse ici-bas. Mais ce n'est pas pour toi, — tu te réjouis pour ton malheureux pays, si l'exemple des aïeux met désormais au cœur des enfants indolents et lâches, assez de vaillance pour enfin relever le front.

Se fosser gli occhi tuoi due fonti vive
Mai non potrebbe il pianto
Adeguarsi al tuo donno ed allo scorno[1].

. . . .

Ove morendo
Si sottrasse da morte il santo stuolo [2].

. . . .

Prima divelte, in mar precipitando,
Spente nell' imo strideran le stelle,
Che la memoria e il vostro
Amor trascorra o scemi[3].

La seconde canzone n'est point exempte de défauts de ce genre. Ainsi la représentation d'une pensée aussi nette et aussi dure que l'imminente ruine de la patrie, s'enveloppe et s'embarrasse dans la figure suivante :

. . . . presso alle soglie
Vide la patria tua l'ultima sera [4].

Et le sort des braves qui moururent en combattant sur la terre étrangère ne lui inspire pas de pensée plus haute que la subtilité obscure de cette antithèse :

1. Quand les yeux seraient deux fontaines intarissables, jamais les pleurs ne pourraient égaler ton malheur et ta honte.

2. Où par sa mort, le bataillon sacré survécut à la mort.

3. Les étoiles éteintes se détacheront et se précipiteront dans les abîmes, avant que s'efface votre souvenir ou que s'affaiblisse votre amour.

4. ... Tout près de sa ruine définitive se vit ta patrie. (Mot à mot : vit *à ses portes* son *dernier soir.*)

> . . . . E questo vi conforti
> Che conforto nessuno
> Avrete in questa o nell' età futura[1].

Dans une poésie lyrique du XIX° siècle, il ne paraît pas avoir grande force de sentiment ce vers d'allure horatienne, par lequel le poète termine et conseille au *guasto legnaggio* (à la postérité dégénérée) de quitter cette terre qui nourrit et forme les grandes âmes :

> Questa d'animi eccelsi altrice e scola.

Mais reconnaissons bien ceci : Léopardi ne s'était point encore révélé lui-même et dans ces deux premiers chants il ne fait que reprendre un sujet auquel en grec, en latin, en italien, depuis plus de vingt siècles, des générations de poètes avaient apporté un important et multiple tribut de pensées, d'images, de formes et de figures. Le jeune écrivain est sincère dans son enthousiaste amour de la patrie. Mais ce sentiment s'est éveillé en son esprit prompt et naturellement généreux, par l'impression que lui laissèrent ses lectures nombreuses et méditées, et non parce qu'il l'entretenait en participant à la vie, aux idées, au sentiment politique du temps.

Ce chant à l'Italie publié en 1818, semble présager et annoncer les mouvements de 1821. Il fut considéré comme l'un des écrits les plus chauds

---

1. Que ceci vous soit une consolation : c'est que jamais, ni dans le présent ni dans l'avenir, vous n'aurez de consolation.

de la révolution, et l'auteur compté comme l'un des premiers prophètes de la revanche et de la délivrance. On ne pourrait affirmer qu'il en ait eu vraiment conscience, mais on doit reconnaître qu'il ne manqua ni d'énergie ni d'enthousiasme.

Le peu de bruit soulevé par ces deux chants à leur apparition est encore une preuve qu'ils ne portaient point une marque originale et ne sortaient pas du cercle des idées et des formes habituelles. Et le public en avait entendu un dernier écho dans des compositions similaires d'Alfieri, de Monti et de Foscolo, sans parler des autres. Ces canzoni léopardiennes n'acquirent de crédit que lorsque d'autres œuvres eurent établi la réputation du poète; mais elles ne furent point dans le peuple de puissantes étincelles comme les vers lyriques de facture moins classique mais d'inspiration plus chaude, de Berchet, de Rossetti, de Brofferio, de Poério, et autres bardes de la Révolution.

L'année 1819 ayant été l'une des plus tristes de son existence, il fut amené par d'incessants malaises à se recueillir en lui-même, à interroger, à représenter, à aiguiser pour ainsi dire sa souffrance. Jeune encore, et n'ayant point soumis entièrement son corps et son esprit à la *triste réalité* qui fut le martyre de sa vie, il voile l'aveu de ses tourments d'une teinte légère de naturalisme mêlée de romantisme. En lui, il y a déjà plus que de la mélancolie, mais ce n'est point encore le pessimisme et le désespoir. Aux chants qu'il composa à ce moment, dans ces dispositions morales ét matérielles, il donna le nom d'*Idylles*. Tableaux délicats où le poète ému à la vague pensée de ses peines secrètes, exhale en un soupir sa douleur contenue. Je dirais que ces idylles marquent dans la lyrique léopardienne une sorte d'intermède romantique, si on pouvait les rapporter entièrement à l'année 1819, quant à leur forme présente, comme elles s'y rapportent quant à l'idée. Mais n'ayant été publiées qu'en 1825 et 1826 dans le *Nuovo Ricoglitore*, et placées par le poète lui-même à la suite de divers chants composés après 1820, cela indiquerait un remaniement postérieur, c'est-à-dire en un temps où le goût et l'art du poète étaient formés, et ses concepts philosophiques et moraux plus fermement déterminés. Quoiqu'il en soit on ne peut douter que le *Passereau solitaire* et l'*Infini*, les premières de la série des idylles, soient parmi les meilleures compositions de Léopardi. Son état d'esprit et ses dispositions quand il les écrivait, y sont représentés avec beaucoup de naturel dans ses lettres à Giordani de novembre 1819 à mars 1820. Ses juvéniles passions de 1817 et de 1818 s'étant apaisées, et l'étude lui étant interdite par la maladie, le poète alors âgé de vingt ans, se livra à ses méditations; et soit en se promenant solitairement à travers la campagne, soit des hauteurs avoisinantes, ou des fenêtres de la demeure familiale, il contemplait la lune, cette éternelle amie et confidente des poètes, des amoureux et des malheureux. On pourrait dire que ce fut le moment romantique de la vie et de la poésie léopardiennes si cette légère pénétration de romantisme n'avait été absorbée et arrêtée, au moins dans l'art, par la culture profondément classique de sa pensée. On compte cinq idylles : *Le Passereau solitaire, A la Lune, Le Songe, La Vie solitaire, Le Soir d'un jour de fête.* On pourrait rattacher à cette sorte d'intermède le *Gonzalve* composé deux ans après, et remanié plus tard encore sans doute, puisqu'il ne parut que dans la dernière édition de Naples, surveillée par l'auteur, l'édition de 1835.

Il serait difficile de trouver une seule qualité de la poésie romantique dans le *Passereau solitaire,* premier exemple léopardien de la canzone à strophes libres d'une facture toute classique par la simplicité naturelle du style, la belle tenue du vers, le contour des images dessinées avec une netteté, une sobriété et une limpidité de coloris admirables, par le sentiment et la représentation imaginaire de la réalité, par le mouvement du style. On a dit que sur la tour de l'église Saint-Augustin à Récanati, il y avait en effet à cette époque un passereau solitaire. Mais lors même qu'il n'y eût point été, le *vérisme* de la poésie n'en serait pas moins frappant, car il n'est pas plus dans la réalité effective des choses que dans la vérité idéale de leur représentation. Et comme le poète a le sentiment de la réalité, il ne se place jamais en dehors d'elle, mais il en réunit les éléments et les lignes essentielles pour en former le substratum de ses créations. Ce passereau solitaire qui gîtait sur la tour voisine a donc pu rendre à Léopardi l'image de sa vie morne et isolée; et le solitaire et pensif promeneur, longeant les haies sur les hauteurs environnantes, pouvait bien se lamenter avec l'oiseau mélancolique :

> Ohimé quanto somiglia
> Al tuo costumo il mio.

Ainsi le chant du poète, tout absorbé dans la méditation de sa propre infortune, saisit et fixe les choses en les harmonisant, comme un accord sur deux notes fondamentales, dans leurs rapports de ressemblance et d'opposition.

D'un incident, d'une circonstance extérieure, Léopardi trouve volontiers prétexte et sujet pour ses poésies, et il en fait d'abord l'exposition vivante et parfaite. C'est ainsi dans le Passereau solitaire où les premiers vers sont une peinture claire, vive et charmante des aspects de la nature que l'âme du poète saisissait si délicatement. Le chant de l'oiseau qui se répète dans le bocage, le printemps qui illumine l'espace, reverdit les campagnes, émeut doucement les cœurs, les mille circuits des oisillons en joie, sont autant de circonstances représentées par le poète avec une telle pureté de lignes et avec tant de sentiment,

qu'on dirait que son âme passe dans les choses
pour les comprendre et les graver. Mais non, le
poète pense à lui; et il se plaît à décrire cette fête
de la nature autour de l'oiseau solitaire, avec
l'idée fixe que la nature et le monde en fête lui
sourient vainement, à lui devenu misanthrope et
déjà désabusé dans sa jeunesse fanée! Il entend
partout exulter la joie des hommes :

> Questo giorno che omai ceda alla sera
> Festeggiar si costuma al nostro borgo.
> Odi per lo sereno un suon di squilla,
> Odi spesso un tonar di ferree canne,
> Che rimbomba lontan di villa in villa.
> Tutta vestita a festa
> La gioventù del loco
> Lascia le case, e per le vie si spande ;
> E mira ed è mirata, e in cor s'allegra[1].

mais il n'y peut participer. Voilà l'antithèse. Voilà
le motif de la poésie. Elle se compose de trois
strophes libres, d'une disposition et d'une symé-
trie classique. La première nous représente la vie
solitaire et triste de l'oiseau dans le joyeux printemps. La seconde, l'isolement et la tristesse du
poète lui-même au milieu des réjouissances de la
vie commune. La troisième résume les deux anti-
thèses en une autre antithèse concluante, qui a

---

1. Voici qu'à la nuit succède le jour qu'il est d'usage de
fêter dans notre village. Dans l'air résonne le son des cloches;
des coups de feu retentissent et se répercutent au loin à travers la campagne. Parée de ses atours de fête, la jeunesse du
pays quitte ses foyers et se disperse par les sentiers. Elle
admire, elle est admirée. Tous ont la joie dans le cœur.

sa raison dans la fin différente à laquelle devront
aboutir les deux vies représentées d'abord comme
semblables.

Comment l'antithèse fut la condition première
de toute la vie matérielle et morale du poète,
nous l'avons montré et démontré suffisamment
dans les chapitres précédents. Et maintenant
qu'il est établi que Léopardi est un des poètes les
plus sincères, c'est-à-dire un de ceux qui ont le
plus nettement et le plus exclusivement exprimé
la vérité de leurs sentiments et de leur manière
d'être, il est inutile de montrer par d'autres mots
comment l'antithèse constitue la raison essentielle
de la poésie léopardienne[1].

L'antithèse est donc aussi le fondement de
l'*Infini*, l'une des meilleures poésies de Léopardi.
Elle consiste dans le contraste que présente le
paysage de la colline déserte (l'ermo colle) borné
par cette « haie qui intercepte presque de toutes
parts la vue de l'horizon »,

> ... siepe, che da tante parte
> Dell'ultimo orizzonte il guardo esclude,

et le sentiment, la pensée de l'infini qui envahit
l'esprit du poète en ce lieu, devant ce spectacle.
J'ai dit que cette poésie est l'une des plus belles
de Léopardi ; j'entends quant à la plénitude et à la
magistrale coupure du vers libre, au développe-

1. Cf. Della Giovanna. *La ragion poetica dei Canti di G. Léop.*
Vérone, 1892.

ment rapide des circonstances, à l'expression de la pensée. Mais cet attrait de l'immensité, cette sorte d'égarement de l'esprit dans les profondeurs sans fin de l'espace, ce trouble de l'imagination devant les limites du temps et de la vie, feraient penser à ce fond un peu romantique dont nous avons parlé comme d'un élément qui n'était point complètement étranger à ce moment *idyllique* de la poésie léopardienne.

Le *Songe*, par la forme aussi bien que par la versification, est le moins réussi des chants de ce groupe. Pétrarque dut lui en fournir le sujet par la septième canzone sur la mort de Laure, et par le second chapitre de ses *Triomphes*[1]. Comme Pétrarque il imagine que sa *dame* vient le consoler en songe et lui avouer « que de tendresse elle ne lui fut point avare en sa vie terrestre ».

Mais cette fiction, et les réminiscences dantesques n'ôtent rien au caractère tout romantique des longues lamentations du poète à la femme aimée, et des effusions qui terminent le chant et font pressentir *Gonzalve*.

La *Vie solitaire*, infiniment plus belle à tous égards, s'ouvre par un tableau d'une incomparable pureté ; elle est, dans la première partie, comme une reproduction de *l'Infini*, par cette émotion ressentie dans l'immensité du silence et de la paix infinie.

1. Pieretti : *Un plagiat incroyable de G. Léop*, dans le *Pungolo* du dimanche 21 octobre 1883.

> Tien quelle rive altissime quiete ;
> Ond'io quasi me stesso e il mondo obblio
> Sedando immoto ; e già mi par che sciolte
> Giaccian le membra mie, né spirto o senso
> Più le commova, e lor quiete antica
> Co' silenzi del loco si confonda [1].

Il est regrettable que dans son invocation à la lune il y ait des images et des phrases de convention — *pallido ladron, drudo vil* — et une longue énumération des divers genres de personnes pour qui un clair de lune est inopportun. Le tableau que le poète nous fait de la lune dans la dernière idylle : *Le soir d'un jour de fête* est beaucoup plus agréable et plus naturel :

> Dolce e chiara è la notte e senza vento,
> E questa sovra i tetti e in mezzo agli orti
> Posa la luna, e di lontan rivela
> Serena ogni montagna [1].

Ici la pensée de son malheur est contenue, adoucie par le souvenir de la femme aimée ; elle se confond avec la description des spectacles de la nature et de la vie extérieure, description pleine de vie et de naturel dans la rapidité de l'esquisse.

---

1. Un grand calme règne sur ces rives. C'est là que m'asseyant immobile, je m'oublie moi-même, et le monde. Déjà il me semble que mon corps devenu inerte, soit incapable de penser et de sentir, et que son ancienne tranquillité s'harmonise avec le silence qui l'entoure.

2. La nuit est tiède, claire, sans un souffle, et sur les toits, dans les jardins, la lune repose et éclaire au loin la cime tranquille des monts.

>...per la via
> Odo non lunge il solitario canto
> Dell' artigian che riede a tarda notte,
> Dopo i sollazzi, al suo povero ostello[2].

En trois vers un tableau parfait.

Gonzalve représente le dernier moment de ce que j'ai appelé l'intermède romantique. Il n'est au fond que le développement de l'idée fondamentale du *Songe*. Le songe devenu réalité. De même qu'en un abus de paroles plaintives et d'exclamations, renaît dans l'idylle l'image de la femme aimée qui vient dans un rêve d'amour consoler le poète par l'aveu de sa tendresse, de même dans le *Gonzalve* on a cru voir revivre, et avec quelle surabondance de sentimentalité romantique! la poétique légende de Jaufré Rudel[2]. Mais le jeune solitaire qui se voyait refusées par de malheureuses circonstances les joies de l'amour auxquelles il aspirait si ardemment, qui déjà dans un pressentiment de la mort avait trouvé une occasion de s'expliquer sur ses premières douleurs, et qui dans le *Songe*, avait en des colloques imaginaires, distillé la quintessence de son sentimentalisme morbide, n'avait pas besoin de prendre

---

1. Dans le chemin tout proche, j'entends le chant solitaire de l'artisan qui, après la fête, revient à la nuit close, dans son modeste logis.

2. Cf. G. Carducci. *Jaufré Rudel. Poésie ancienne et moderne.* Bologne, 1888. Zanella a rappelé que ce nom est aussi celui du *Corsaire* de Byron, et que divers passages du chant léopardien sont une variante de certains vers du poète anglais.

un sujet devenu traditionnel pour alléger son cœur. Ayant chanté en vers la *femme qui ne se trouve pas* (*Alla sua donna*) il devait se sentir porté à admirer et à envier le troubadour amoureux d'une femme sur sa renommée, et qui traverse la mer pour la voir et recevoir de ses lèvres, en mourant, le baiser d'amour. Si beau que cela soit poétiquement il n'y a là rien de commun avec le *Gonzalve*, où seule est reproduite la circonstance finale du baiser donné au mourant. Et c'est trop peu en vérité, pour accuser Léopardi de plagiat. On ne voit ici que l'amant dédaigné recevant au moment de mourir, de la pitié de celle qu'il aime, la consolation d'un baiser. Et l'histoire est trop humaine pour qu'il soit nécessaire de l'expliquer par une imitation.

Quant à l'héroïne, si Gonzalve n'est autre que Léopardi, qui est Elvire[1]? On l'ignore. Le chant n'a rien de réel sans doute, si ce n'est le sentiment général d'un amour non partagé, et une sorte d'attraction de la mort à laquelle, en imagination du moins, à défaut d'autres joies plus désirées, le poète cédait assez volontiers. Ce chant, chose étrange, que Zumbini a considéré comme

1. Elvire, comme Sylvie, est un de ces noms que préférèrent nos poètes et les poètes étrangers. Les Nice et les Philis des classiques italiens, les Chimène des classiques français avaient fait place à des noms plus modernes par l'effet du romantisme. Léopardi suivit en cela l'exemple de Lamartine qui d'abord donna le nom d'Elvire à sa *Graziella*, puis le donna, dans ses *Méditations*, à une autre femme chère à son cœur, Julie femme du physicien Charles.

un des morceaux les plus parfaits de notre poésie,
déplut au contraire à Carducci qui ne lui reconnaît
aucune valeur comme œuvre d'art. Nous pensons
que ce qui put nuire au Gonzalve dans l'opinion
de Carducci, ce fut le rapprochement trop continu
qu'il fit de la passion épique et chevaleresque du
troubadour de Blaye, avec la maladive sentimentalité romantique qui troubla parfois l'imagination
et l'esprit du poète récanatais. Et la sévérité de
Carducci qui paraît peut-être plus grande qu'elle
n'était en réalité est due sans doute aussi à la forme,
imagée du style et à ses tours et détours. Quant à la
substance, on ne voit pas qu'il y ait à ajouter ou à
retrancher à ce jugement sagace. » Au peu de vie
imaginative et au défaut de mouvement des deux
figures, le poète chercha à remédier par l'exagération du relief dans le travail, exagération rendue
plus apparente par le contraste dans les formes des
trois éléments dont se compose le Gonzalve; car
son motif final est tiré d'un récit du moyen âge où
la poésie n'est que dans l'action, il se développe
dans un sentiment romantique tout opposé à l'action, et il est composé et versifié dans les formes
d'un néo-classicisme un peu baroque. Et la versification est enflée, tourmentée, avec des entor-
tillements qui parurent un moment le summum
de l'art dans l'hendécasyllabe libre; ou bien, pour
l'effet de la crise dramatique, la phrase est péniblement hachée de mots entrecoupés, et se perd
dans les défaillances de Gonzalve après le baiser.

En exceptant ce chant, qui pour nous est un prolongement ou une renaissance de l'intermède romantique, la seconde période de la lyrique léopardienne qui va de 1820 à 1824, comprend les compositions suivantes : *A Angelo Mai, Pour le mariage de ma sœur Pauline, A un vainqueur au jeu de Paume, Brutus le jeune, Au Printemps, Le dernier chant de Sapho, Hymne aux Patriarches.* La première de ces sept compositions fut publiée séparément à Bologne dès son achèvement. Les autres parurent pour la première fois dans l'édition des *Poésies* que Léopardi prépara à Bologne en 1824 avec l'aide de Brighenti.

La canzone *A Angelo Mai*, en l'honneur de sa découverte de livres de Cicéron — *De Republica* — se rapproche des deux premières par le sentiment patriotique, et surtout par l'antithèse qui ressort de la comparaison entre la grandeur antique et la petitesse du présent. D'autre part elle s'en éloigne, et c'est pourquoi elle est le commencement d'une nouvelle période dans la lyrique léopardienne, car à l'idée bien définie et au sens traditionnel du patriotisme, se mêle un sentiment nouveau de bien plus d'étendue, je veux dire celui de l'inanité des choses humaines. Dans les quatre premières strophes le poète se réjouit de la découverte de Mai, en exaltant l'œuvre glorieuse des anciens, et en déplorant *l'éternel sommeil, le repos honteux* de notre temps. Cette dernière pensée l'amène à rappeler les grands Italiens, qui

malgré leur souffrance, travaillèrent et pensèrent.
— Dante, Pétrarque, Colomb — car mieux vaut,
disait-il, une douleur active qu'une pacifique
inaction.

> e pur men grava e morde
> Il mal che n'addolora
> Del tedio che n'affoga [1].

Et il envie Pétrarque qui se nourrit de larmes :

> Oh te beato
> A cui fu vita il pianto! A noi le fasce
> Cinse il fastidio; a noi presso la culla
> Immoto siede, e su la tomba, il nulla [2].

Voilà assez nettement formulé le nouveau programme philosophique de Léopardi. Mais l'idée de
négation n'est point encore devenue un élément
essentiel à la pensée du poète. On trouve même
ici une curieuse contradiction qui montre que le
jeune écrivain n'ose pas encore se séparer des
idées traditionnelles de la grandeur et de la per-
fectibilité humaine, pour se livrer à la sombre
méditation du néant. Cette contradiction est très
apparente dans la sixième strophe où le poète
commence par féliciter C. Colomb qui ne s'est
point soumis à l'inanité que le destin prescrit à
notre vie, et qui n'ayant pu *vivre* parmi les

1. La douleur qui stimule fait moins durement souffrir que
la tristesse qui accable.
2. Heureux toi dont les larmes furent une source de vie.
Pour nous, dès l'enfance la souffrance nous étreint. Et du ber-
ceau jusqu'à la tombe, sur nous demeure l'immuable néant.

hommes, vécut entre le ciel et la mer où *le vaste continent inconnu fut la gloire de son voyage.*

> Ignota immensa terra al tuo viaggio
> Fu gloria.

Mais comme un château de cartes qu'un souffle renverse, la louange finit en une exclamation de découragement qui condamne cette gloire comme inutile et mauvaise :

> Ahi, ahi, ma conosciuto il mondo
> Non cresce, anzi si scema, e assai più vasto
> L'etra sonante, e l'alma terra e il mare
> A fanciullo, che non al saggio appare [1].

Ces vers donnèrent fort à faire aux interprètes et aux critiques, à commencer par Giordani, et jusqu'à Chiarini. Disons, sans chercher à la réfuter, que l'idée du poète étant qu'une connaissance plus complète des choses amoindrit ses proportions à l'œil humain, elle en atténue de même l'impression. L'enfant qui les mesure d'après son esprit mobile et son intelligence inexpérimentée, en est plus vivement impressionné que l'homme mûr. Et l'idée de la grandeur du globe, de l'immensité de l'espace et de l'océan, a quelque chose de plus vague et de plus stupéfiant pour lui que pour le savant. Léopardi

---

1. Mais, hélas, à être connu le monde ne gagne point, il s'amoindrit même. Et l'espace sonore, et la terre nourricière, et la mer, apparaissent plus vastes à l'enfant qu'à l'homme.

dans son Histoire du Genre humain fait ainsi parler Jupiter : « Tous ces aspects de l'infini que j'avais à dessein donnés au monde pour tromper et satisfaire les hommes, conformément à leur inclination vers des pensées vastes et indéterminées, deviendront insuffisantes par la connaissance et l'habitude qu'ils acquéreront de la vérité. De manière que la terre et les autres parties de l'univers leur paraîtront, avec le temps, plus petites qu'elles ne leur parurent d'abord ; parce qu'ils seront instruits et éclairés sur les secrets de la nature, et que ceux-ci, contre la présente attente des hommes, apparaissent d'autant plus réduits à ceux qui en ont plus de connaissance ».

Cette pensée de l'infini qui est l'élément essentiel de la poésie, l'amène à déplorer que le *réel à peine apparu :*

L'orrido vero che de' vati è tomba,

comme a dit Monti, ait détruit les créations mythologiques, et perdu ces jolies inventions :

Il conforto peri dé nostri affami ;

Et il pense à l'Arioste : « poète charmant des combats et des amours qui en des temps moins tristes que les nôtres remplirent la vie de douces illusions ».

Cantor vago dell'arme e degli amori
Che in età della nostra assai men trista
Empier la vita nostra di felici errori.

Alors, continue le poète :

> Di vanità, di belle
> Fole e stran pensieri
> Si componea l'umana vita ; in bando
> Li cacciamo ; or che resta ? or poi che il verde
> È spogliato alle cose ? Il certo e solo
> Veder che tutto è vano altro che il duolo [1]

Et voilà établi l'autre principe philosophique de la pensée et de la poésie léopardienne. Tout est vain, il n'y a de réel et de certain que la douleur. On ne voit pas en quoi ce concept devait rapprocher le poète du cardinal et de sa découverte. Mais tout aussitôt, comme pour donner un exemple de la souffrance, il célèbre le Tasse qui voyait dans le néant des figures réelles et vivantes. Du Tasse il passe à Alfieri, le seul, dit-il, qui par la suite, égala ce poète en renommée. Ce qui n'est pas exact, parce que entre le Tasse et Alfieri il y eut Galilée, et qu'en fait de *vertu virile* Alfieri est au-dessus du Tasse. Mais la grandeur morale d'Alfieri, auquel en cela n'est point comparable le poète de la Jérusalem, donne à Léopardi l'occasion de revenir à son sujet, qui est de magnifier la découverte du cardinal de Bergame, de l'engager à réveiller les morts puisque les vivants dorment, et à ranimer les voix éteintes des

---

1. De chimères, de jolies fables, d'étranges fantaisies, se composait la vie humaine. Nous les avons bannies. Que reste-t-il, maintenant que de leur verdure les choses sont dépouillées ? Reconnaître que tout est vain, hormis la douleur.

héros antiques. Si donc le développement de ce chant ne s'enchaîne pas suffisamment, du moins la conclusion ne manque pas de force. Et sans doute il ne déplut point au cardinal de voir son nom associé à ceux de ces grands génies. Mais ce qui pouvait répondre à une intention purement élogieuse n'apportait rien à la perfection de l'œuvre. Trop d'idées disparates la composent, pour qu'elles aient pu s'agencer dans un ensemble d'harmonieuses proportions. Certaines idées neuves, peu précisées encore dans l'esprit du poète, y sont introduites hâtivement, sans opportunité, pour donner du mouvement et du ton au chant. Mais ces idées, étudiées avec plus de soin et de réflexion, seront bientôt l'occasion et le sujet de poésies d'une toute autre valeur. Rappelons la canzone *Au Printemps*, inspirée du regret des antiques légendes, bien qu'un je ne sais quoi de surchargé, de redondant, d'inégal, ne constitue point un élément de perfection.

Dans le chant composé pour le mariage projeté de sa sœur, Léopardi, malgré son affection pour elle, manque d'un sentiment vivant et réel de la vie et de la famille. On ne trouve pas la note délicate des intimes sentiments, et des intimes joies du foyer. Mais comme sa délicatesse de goût et son élévation d'esprit lui font éviter les banalités des ordinaires épithalames, il cherche dans le sentiment patriotique et dans l'histoire la raison et les éléments de sa poésie.

On était en 1821, à l'aurore de la révolution nationale. Les justes indignations d'Alfieri, et les frémissements de Foscolo, trouvaient un écho dans les discours et les propos des patriotes, et l'esprit du carbonarisme pénétrait dans les cœurs les plus réservés et les plus indécis. Alors Léopardi, avec une élégance et une éloquence toute classique, prèche aux générations nouvelles la vigueur dans l'action et dans la pensée, prescrit une tâche nouvelle d'éducation sociale par la grâce féminine et par l'amour. Nécessairement, le jeune poète qui vit dans l'histoire et vénère les héros de la Rome antique, comme incarnant l'idéal du sentiment de la patrie, ne peut négliger les exemples classiques, il termine donc cette grave canzone en célébrant le *femmineo fato* qui deux fois sauva Rome ensevelie dans un honteux repos (*in duri ozi sepolta*). Et cette conclusion, par l'allure vraiment lyrique, par la touche hardie et à la fois délicate, par la hauteur des sentiments, est la partie la plus réussie de la composition.

Bien qu'on puisse avec Zumbini rattacher au même groupe toutes ces poésies de thème social et historique, composées entre 1820 et 1824, néanmoins celle dont nous venons de parler et les deux qui suivent, forment vraiment le *moment héroïque* de la lyrique léopardienne.

Amené à représenter poétiquement la vertu antique comme stimulant à l'inertie présente, il trouve une occasion d'exprimer de patriotiques pensées dans son *Vainqueur à la paume*, sujet sur lequel s'était jadis essayé Chiabrera en une vaine imitation du lyrique grec. Mais à ce sujet très spécial Léopardi donna un sens général et social d'où procèdent la force et la durée de la poésie. On regrette cependant qu'il se soit laissé entraîner dans ce chant à un soin excessif de la forme, car cette recherche, je dirai même cette préciosité, jointe à un rappel de pensées et de phrases horatiennes, diminue de beaucoup l'effet d'ensemble de la poésie. Le sentiment de l'antiquité ne ressort point en de beaux épisodes et en de belles images, mais il se dilue et se perd en de vagues rappels des guerres persiques et des jeux olympiques.

On trouve le même soin de la forme dans *Brutus le jeune*, mais avec infiniment plus de force quant à la démonstration des idées. Brutus n'est qu'un prête-nom, et sa célèbre déclaration, qui est l'occasion du chant, prend un développement considérable dans le soliloque léopardien. Le Brutus de Léopardi n'est ni celui de l'histoire, ni celui de la légende. Il n'est qu'un moyen pour le poète de se mettre en scène. Voulant démontrer à sa manière l'idée de l'inutilité de la *vertu*[1], et la trouvant affirmée par Brutus, il se met à la place de Brutus. Le doute, la négation, le scepticisme,

1. Au sens du mot latin.

s'étaient déjà, antérieurement à ce chant, plus ou moins nettement manifestés dans la poésie de Léopardi. Mais ici, dans une sorte d'accès de pessimisme philosophique, il parle avec une force qui n'est dans un aucun autre de ses chants.

Plus tard il soutiendra des idées non moins outrées avec une froide sérénité qui pourra produire une impression plus vive et plus saisissante, mais la véhémence de la douleur exaspérée, il faut la chercher dans son *Brutus*. On dit que ce fut le testament politique de Léopardi, sans doute parce qu'il ne traita plus ensuite de sujets proprement historiques, ou parce qu'on crut qu'il le composa en pensant aux *mouvements réprimés* de 1821 [1]. Et cela est très possible. Mais à bien considérer la substance du chant, ses rapports d'idées, non de formes, avec les chants postérieurs, il est vraiment l'expression de la pensée réfléchie de Léopardi, ou, si l'on veut, le prélude au douloureux concert où s'uniront ses vers et sa prose, et où se répétera invariable, et presque monotone, le même motif fondamental. L'agitation de son esprit, si accoutumé qu'il soit à méditer et à entretenir froidement sa douleur et son désespoir, et les formes artistiques de la première manière, toujours maintenues dans le tour de la période

1. Ou peut-être aussi parce que dans sa fameuse lettre à M. De Sinner, où voulant protester contre ceux qui attribuaient à ses maladies et à ses souffrances son pessimisme philosophique, il parle de son *Brutus* comme de la poésie qui exprime son sentiment avec le plus de netteté et de force.

et dans la classique délicatesse de la phrase, donnent à ce chant de douleur un ton tout différent de ceux qui suivront. De plus, pour la première fois, le poète se laisse entraîner à une démonstration complète, méthodique pour ainsi dire, de sa manière de comprendre l'histoire et la vie. Et comme généralement la première expansion est plus acerbe et se contient moins, ainsi est plus apparente l'âpreté de ce chant où la plainte va jusqu'à l'imprécation et jusqu'au blasphème.

Mais la véhémence de la pensée et de l'expression ne diminue pas cette belle qualité de la lyrique léopardienne, c'est-à-dire cette flamme que met la divine nature dans l'imagination du poète, sinon dans l'esprit du penseur, pour rasséréner les orageuses ténèbres de son être et de sa vie. Ainsi après avoir déploré que le ciel dispute à l'homme la mort elle-même, il continue par cette pathétique apostrophe d'une étrange et réelle beauté :

> E tu dal mar cui nostro sangue irriga,
> Candida luna, sorgi,
> E l'inquieta notte e la funesta
> All' ausonio valor campagna esplori.
> Cognati petti il vincitor calpesta,
> Fremono i poggi, dalle somme vette
> Roma antica ruina ;
> Tu si placida sei ? Tu la nascente
> Lavinia prole, e gli anni
> Lieti vedesti, e i memorandi allori ;
> E tu su l'alpe l'immutato raggio

> Tacita verserei quando ne' danni
> Del servo italo nome,
> Sotto barbaro piede
> Rintronerà questa solinga sede [1].

Mais *in cauda venenum*. Cette invocation n'est pas chimérique, elle n'est pas un effet de style, ni un moyen de coloris poétique ; elle est simplement la proposition d'un syllogisme dont la conclusion est celle-ci : « Nous ne sommes des choses qu'une infime partie, et notre malheur ne troubla ni la terre teinte de notre sang, ni les gorges où retentirent nos cris. Nulle sollicitude des choses humaines n'altèra la splendeur des étoiles ».

> ...abbietta parte
> Siam delle cose e non le tinte glebe
> Non gli ululati spechi
> Turbo nostra sciagura,
> Né scolorò le stelle umana cura.

Et cependant cette lune, sœur idéale de celle à laquelle s'adressera le *Pasteur errant de l'Asie*, montre que le poète peut encore chercher et trouver, dans les formes et les vivants aspects de la vie universelle, des éléments et des contrastes,

---

1. Et de la mer teinte de notre sang, tu t'élèves lune pure, et tu contemples la nuit troublée, et la campagne funeste à la vaillance italienne. Le vainqueur foule aux pieds les poitrines de nos frères, les monts sont ébranlés ; la souveraine puissance de la Rome antique tombe en ruines. Et tu restes placide ? toi qui vis naître les fils de Lavinie, qui vis les temps heureux et les inoubliables lauriers ! Et tranquille, sur l'Alpe tu étendras l'immuable clarté, tandis que pour le malheur des générations italiennes asservies, sous le pied des barbares retentira ce lieu désert.

une opposition d'ombre et de lumière à sa pensée et à son art. Bientôt, concentré en lui-même, il n'entendra dans son âme d'autre voix, et ne reflétera dans son esprit d'autre image, que celle de la souffrance universelle et du néant.

D'une harmonie intérieure plus complète, et d'un style plus parfait, le *Dernier chant de Sapho* rentre dans le même cercle de pensées et de sentiments, dans la même manière de concevoir et de procéder que le *Bruto minore*. Dans les annotations qui accompagnent ses poésies Léopardi déclare qu'il suivit dans ce chant l'ordinaire tradition « sur la poétesse Sapho et sur son amour malheureux, bien que Visconti et d'autres critiques modernes, aient distingué deux Sapho : l'une célèbre par sa lyre, l'autre par son amour pour Phaon ; la première, contemporaine d'Alcée, la seconde plus moderne. » Mais la Sapho de notre poète ne se rapproche de celle de la tradition que par la violence d'une passion qui s'exhale en vers douloureux, et par la catastrophe finale du suicide. En dehors de ces deux éléments, très caractéristiques il est vrai, la Sapho léopardienne est une création toute moderne. Elle n'est en somme que Léopardi lui-même.

Dans Brutus le jeune il s'était représenté méprisant la vie, lorsque la faillite des destins de la patrie, l'abaissement général des caractères, lui firent arrêter sa pensée sur ces déclarations amères que la tradition attribua à Théophraste et à Brutus. Entraîné par son pessimisme naissant à dénier à la vie ses plus grands biens, son esprit qui se complaisait, du moins en rêve, à l'idée du suicide, et dépouillait trop complètement la nature humaine et l'existence de ses dons et de ses charmes, son esprit, dis-je, était naturellement porté à personnifier ces héros de la douleur et de la vérité, qui déclaraient en mourant l'indignité de la vie. Il pensa donc avec une certaine sympathie au moraliste de Lesbos qui vécut une vie laborieuse et sage et, néanmoins, déclara en mourant le néant de la vie. De même lui plut le caractère de Brutus, non pas seulement par son inébranlable foi républicaine et l'inutile sacrifice de sa vie à la cause de la liberté romaine, cause dès lors perdue dans l'histoire, mais par sa stoïque résolution de mourir et par l'amère ironie avec laquelle en mourant il renie la vertu, ultime rayon qui, dans le monde, rassérène les ténèbres de la douleur. Léopardi put donc revêtir la tunique romaine de Brutus et donner ensuite à son personnage le sombre aspect du pessimiste moderne qui dilue dans une loquacité de raisonnements, la dure et solennelle sentence du héros mourant.

Dans le *Dernier chant de Sapho* nous avons une situation et des procédés très semblables à ceux du *Brutus*. Le poète, ici aussi, représente le moment suprême de l'héroïne prête à se donner la mort ; et ici aussi la raison du chant est dans les dernières paroles, dans le dernier cri de cette âme brisée ; de même aussi, il se substitue au personnage de la légende, en lui attribuant des paroles et des pensées qui ne pouvaient être siennes et que son temps ne comportait pas. Mais la raison intérieure diffère. Ici c'est la plainte d'une âme désireuse d'un amour auquel il n'est point répondu ; c'est le sanglot d'une infortunée qui sent le prix de la beauté, et qui sachant qu'elle ne la possède point, se voit par cela même dédaignée et rejetée. Et de cette diversité du motif provient la diversité du ton dans les deux chants. Le premier n'est que notes dures ; le second est une pathétique lamentation avec paroles inconscientes. Le poète a dit inconscientes, cependant toutes ne l'étaient pas. Souvent même il y paraît comme un sentiment de douce résignation qui fait presque contraste avec l'amertume de la résolution et l'horreur du moment ; il semble sourire à la mort comme à un terme heureux et souhaité de son long martyre. Au contraire dans les paroles de Brutus la mort apparaît comme une protestation violente contre le monde, et comme un défi plus violent encore et plus méprisant contre le ciel. Et cette différence de ton explique la supériorité du *Dernier chant de Sapho*.

Léopardi avait l'âme vraiment et profondément tendre, je veux dire disposée à l'amour. Et ses paroles, ses aspirations, ses pensées, étaient en ce sens, d'une délicatesse toute féminine. Tandis que par éducation, par le milieu et le temps où il vivait, par les conditions de sa santé, par ses habitudes intellectuelles, morales et sociales, il ne pouvait avoir un sentiment patriotique jeune et fort. En outre, le caractère subjectif et tout intime de la poésie léopardienne, se prêtait infiniment mieux à exprimer les secrets émois de la passion amoureuse que les vivantes pensées patriotiques et sociales. Et c'est pourquoi le *Dernier chant de Sapho* est une des plus belles poésies lyriques de Léopardi, en même temps qu'une des plus populaires.

L'ardeur de la passion, loin de prendre un ton véhément et outré, est adoucie par la délicatesse de l'expression, par la tranquillité de l'esprit résigné à la souffrance. Si parfois la pensée ou l'image a une teinte plus dure ou plus âpre, bientôt une peinture plus suave, un sentiment plus tendre, semblent vouloir l'atténuer et l'effacer. Voyez la première strophe, si nous pouvons lui donner ce nom. Elle commence par la contemplation sereine et objective d'une nuit étoilée, contemplation qui devient subjective lorsque Sapho se souvient de ses impressions d'autrefois, en des temps plus heureux : « *O dilettose e care... Sembianze agli occhi miei !* » Le monde extérieur si paisiblement vu et représenté d'abord, s'est ainsi transporté dans l'esprit du poète, mais il ne fait naître qu'une simple opposition qui ne se manifeste point par de brusques transitions, mais en une expression de découragement attendri : « *Già non arride spet-*

tacol molle ai disperati affetti[1]. » Qu'on observe ce *disperati*, qui annonce un *crescendo* dans l'intime pensée de Sapho. La conscience violentée par la nature se révolte à son tour et repousse avec force ces charmes qui avaient en vain séduit son âme. Pourquoi ces doux spectacles ?... Et l'esprit révolté se monte, retrouve sa force, se réfute avec des répétitions d'un grand effet : «*noi per le balze... e noi la vasta...* » jusqu'à ce qu'il se fixe dans la contemplation d'un autre spectacle plus épouvantable : « *Il suono e la vittrice ira dell' onda*[2]. »

Mais, possédé par un sentiment qu'il ne sait exprimer que très délicatement, le poète se ressaisit bientôt et revient à la description de l'admirable paysage. «*Bello é il tuo manto* (le firmament). Et il trouve là un nouveau sujet de se replier sur lui-même et de gémir :

> *Ahi*, di cotesta
> Infinita beltà parte nessuna
> Alla misera Saffo i numi e l'empia
> Sorte non fenno[3].

Et la pensée de la malheureuse Sapho se reportant à son état présent, ramène sur ses lèvres des sentiments et des paroles qui montrent l'âpreté de sa souffrance :

1. Le sens de la strophe est ceci : O aspects charmants de la nature qui réjouissez mes yeux !... doux spectacles, vous n'êtes plus faits pour les cœurs désespérés !...
2. Le fracas et le courroux des eaux victorieuses (sorties de leur lit).
3. Hélas, de cette infinie beauté (de la nature) nulle part ne fut faite à la triste Sapho par les dieux et le cruel destin.

> A tuoi superbi regni
> Vile, o natura, e grave ospite addetta,
> E dispregiata amante [1],

Quatre adjectifs et un participe qui montrent l'excitation et l'émotion de Sapho, dans le libre cours qu'elle donne à sa passion et à sa douleur. Mais la passion ne dépasse point ce terme. La parfaite délicatesse du sentiment et de l'art, apporte aussitôt une atténuation de tons, de manière que la période commencée par des signes évidents d'un grand trouble, s'achève par des mots d'humble résignation :

> ... Alle vezzoze
> Tue forme il core e la pupille invano
> Supplichevole intendo [2]...

Puis vient, admirable de couleur et de force, une description plus riante des choses de la nature, imagée de manière à faire sentir profondément l'impression qu'en ressent l'âme désespérée de Sapho. Elle voit, elle admire, elle comprend, mais n'a aucune part, aucune joie de ces merveilles. L'aspect riant du ciel et des prés fleuris, qui réjouit les yeux, est pour elle sans charme, les oiseaux au plumage varié, les feuillages agités sous le zéphir, qui semblent saluer la nature et les hommes, n'éveillent dans son âme aucun sens

---

1. Liée à ton tyrannique empire, ô nature, triste, méprisée ; et amante dédaignée.

2. Sur la beauté de tes aspects, je porte mon cœur et mes yeux qui t'implorent vainement.

de ce salut. Le ruisseau qui dans son cours limpide et paisible caresse les tiges fleuries de ses bords, semble à ses yeux, détourner dédaigneusement ses ondes du pied de l'infortunée abandonnée de la nature et de l'humanité. On voit qu'un sentiment de suprême souffrance ressort de cette très délicate peinture où la suavité des teintes n'est altérée par aucune surexcitation de pensée ou d'expression. Mais ainsi concentré sur ces tableaux, l'esprit du poète devait nécessairement être ramené à une considération plus directe de lui-même, et il se demande le pourquoi de ces privations auxquelles si injustement il est condamné. Et ici le ton s'élève un peu. Un mot, une phrase, sans violence en soi, ont cependant une certaine amertume et témoignent d'un sentiment qui n'est plus la calme résignation. Et les tons prennent de la vigueur graduellement par les oppositions. Mais peu cependant, car Léopardi savait, quand il le voulait, mettre autrement de force à ses imprécations. Ici il préféra tempérer par une douce émotion l'amertume de la douleur exaspérée, et quand il se laisse entraîner à une violence dans l'expression, il le regrette et se reprend aussitôt : « *paroles insensées, sorties de tes lèvres* [1]. »

Des sentiments divers oscillent ainsi entre des pensées diverses, exprimées en de courtes excla-

____

1. Incaute voci, spende il tuo labbro.

mations jusqu'à cette sombre réflexion qui termine la strophe — la beauté seule est favorisée. — Que reste-il donc à Sapho sans beauté? (Entendons toujours Léopardi.) A mourir. « *Morremo.* » Et dans cette cruelle résolution elle s'en prend à ce corps indigne (*velo indegno*) qui pour son châtiment sera abandonné sur la terre, puis à l'*aveugle dispensateur des biens* dont elle réparera ainsi la *cruelle erreur.* Et maintenant le monde n'est plus pour elle qu'un lointain souvenir qui s'efface.

> ... Ogni più lieto [1]
> Giorno di nostra età primo s'invola.

Ces paroles suprêmes de Sapho n'ont pas la dureté méprisante des déclarations de Brutus, mais elles se perdent insensiblement dans une ténuité de sons, comme pour rendre l'obscurcissement de la pensée de Sapho dans les régions infinies où elle va s'abîmer. Peut-être sont-elles aussi l'expression de la conscience universelle émue du sort malheureux dévolu au génie (*prode ingegno*).

Si par le sujet ce chant a plus d'un rapport avec le Brutus, il en a aussi par certains procédés de forme, avec *Le soir d'un jour de fête.* Les trois premiers vers de chacun des deux chants donnent le même tableau avec une diversité de mots plutôt que de ton et de couleur. Je veux dire que si les deux chants ne reproduisent pas le même

---

1. Nos jours les plus heureux ont fui les premiers.

moment psychologique, ils reproduisent sûrement le même motif esthétique, et présentent une grande ressemblance de formes artistiques, je devrais dire spirituelles, car cette identification du poète avec les phénomènes et les aspects de la nature, cette manière d'en comprendre le mouvement et la vie, d'y avoir recours non seulement comme décor, mais comme lumière et vie de la pensée, indique un sentiment si profond de la nature que tous les autres se revêtent et s'embellissent de celui-là.

Dans *Le soir d'un jour de fête*, le ton est plus calme ; le découragement du poète n'est point encore le désespoir. *Il gémit et s'irrite*, mais ne se prépare pas à mourir comme Sapho. A la description d'une nuit sereine succède un tableau de la femme aimée qui repose dans sa tranquille demeure. Et voici le contraste : une même paix de la nature entoure son calme sommeil, et la veille angoissée du poète. Aussi, comme conclusion à son tableau, il s'en prend à ce ciel « qui paraît si clément à nos yeux. » Après de sombres pensées la nature refleurit dans l'imagination du poète, et le lecteur entend le chant solitaire « de l'artisan qui, après la fête, rentre à la nuit close dans sa modeste demeure. »

Ici encore un autre contraste. Il n'est pas en lui, mais il est pour lui la confirmation et la démonstration du désaccord universel de la vie. Après la fête, le labeur quotidien ; après les plai-

sirs, la triste solitude, les soucis de la pauvreté,
les fatigues du travail. Ce contraste fatal, général,
éternel, préoccupait déjà le poète enfant, et son
cœur se serrait lorsqu'il entendait, le soir des
jours de fête, l'artisan revenir en chantant à son
logis. Ainsi l'immanence du spectacle extérieur
reporte le poète en arrière, au temps où, sans être
encore malheureux, il se sentait déjà le cœur
oppressé par un mystérieux pressentiment de la
souffrance. Bien différent de celui de Sapho nous
apparaît donc le motif intérieur de ce chant. Mais
la ressemblance est dans cette sorte de recueillement du poète devant les spectacles extérieurs
d'où il tire parfois une raison et une incitation à
se replier sur lui-même pour observer, je dirais
presque, pour écouter, ce contraste entre la calme
splendeur du monde extérieur et la sombre tempête qui l'agitait intérieurement.

Dans son chant *Alla Primavera* ou *delle favole
antiche*, Léopardi regrette les illusions qui jadis
réjouissaient la vie. Le professeur Zumbini, dans
une très belle étude sur ce chant léopardien, rappelle les poètes qui de façon diverse, ont déploré
la disparition des antiques légendes (les anglais
Wordsworth, Keats, Shelley, les allemands Schil-
ler et Platen, l'italien Monti[1]), et il écrit ceci

---

1. La liste de Zumbini pourrait aisément s'augmenter, en
rappelant les œuvres postérieures à celles qu'il cita, entre autres
la *Proserpine* de Swiburne, les *Dieux de la Grèce* de Heine,
Rolla de Musset.

entre autres : « Léopardi... s'est plaint de la décadence de la vie moderne, comparée à la vie antique... et il chantait cette félicité, ces imaginations, ces illusions, dont la dure et mystérieuse loi qui régit l'humanité ne fit que d'immenses et irréparables ruines au cours de longs siècles... Dans l'idée de Léopardi ce mal tout moderne de la triste et peu poétique contemplation du monde extérieur, est aussi un effet naturel et inévitable de cette même loi par laquelle l'humanité décline et vieillit de plus en plus ; et s'il n'en avait fait l'objet spécial de ce chant, on n'aurait pas moins compris que parmi toutes les illusions dont il déplore la perte, devait être aussi celle qui se rapporte à la contemplation poétique de la nature. Dans ce chant... il admire cette richesse d'imagination et de sentiment qui fit que nos pères remplirent le monde physique des plus agréables fables, celles-là même qui devaient s'appeler, en langage léopardien, *umani errori*... Et c'est en contemplant la campagne parée de verdure et de fleurs nouvelles, et le printemps embaumé qui éveillait partout une sensation de jeunesse et de plaisir, que le poète se souvient surtout des riants tableaux, des illusions charmantes, qu'une vision semblable faisait naître à l'esprit de nos aïeux. Et comme à sa pensée les qualités de nos aïeux étaient toujours présentes, aussi bien que l'art souverain, l'incomparable poésie qui avait donné à ces fables l'éternelle vie, il sentait ainsi revivre en lui ce peuple de fantômes qui, au printemps, passait devant les yeux de nos pères, et ces mots gracieux avec lesquels leurs grands poètes saluaient le réjouissant spectacle… Cette canzone léopardienne se distingue surtout des autres poésies modernes sur les fables antiques, par ses qualités esthétiques. Elle célèbre l'art antique en s'appropriant admirablement la forme et le sentiment de l'art classique. »

L'Hymne aux patriarches fait comme une contre-partie à cette doléance sur les légendes mythologiques. En célébrant les premiers pères du genre humain, le poète contemple et représente la placide tranquillité de la *terrestre demeure humaine*, alors qu'Adam, Noé, Abraham, Jacob ouvraient à leur postérité naissante, les voies séduisantes du monde :

Non che di latte
Onda rigasse intemerata il fianco
Delle balze materne, o con le greggi
Mista la tigre ai consueti ovili,
Né guidasse per gioco i lupi al fonte
Il pastorel; ma di suo fato ignara
E degli affani suoi, vota d'affanno
Visse l'umana stirpe; alle secrete
Leggi del cielo e di natura indotto
Valse l'amena error, le fraudi, il molle
Pristino velo; e di sperar contenta
Nostra placida nave in porto ascese [1].

1. Ce n'est pas que de blancs ruisseaux de lait aient arrosé le versant des collines fécondes, ou que de l'agneau le fauve ait partagé le bercail, ni que le pastour ait en se jouant, mené les loups à la fontaine. Mais ignorante de son destin et de

L'idée de tout ce chant est que dans les très anciens âges, par la simplicité des mœurs, par les illusions de la foi, et la paix propre à l'ignorance, les hommes étaient bien plus heureux qu'ils ne le sont maintenant. Et si aujourd'hui, en quelque coin perdu de la terre brille encore une lueur de félicité humaine que la nature semble avoir voulu dérober à notre fureur de civilisation, nous cherchons à y pénétrer, et bravant tous les obstacles, nous apportons à ceux qui l'habitent les souffrances et les passions qu'ils ignoraient, et poursuivons dans ses dernières retraites le bonheur enfui. Ceci posé, il nous paraît superflu de rappeler ici que l'Hymne *aux patriarches* de Mamiani, qui s'inspire d'un sentiment traditionnel et religieux, et part d'un principe philosophique et historique, n'a rien de commun avec l'idée fondamentale du chant léopardien, où la glorification de l'antiquité biblique n'est pas un reflet de la foi, mais simplement un élément d'antithèse, un expédient poétique. Ainsi Léopardi qui se remémorait les glorieux exemples de l'histoire antique et plaignait déjà celui qui « né aujourd'hui quand tout décline, acquiert trop tard la vie et le sentiment, » et qui déplorait dans *Primavera* la disparition de ces jolies fables

son malheur, l'humanité vécut exempte de soucis. Aidée en cela par de douces et trompeuses illusions, et par le voile que les anciens jetaient complaisamment sur les mystérieuses lois du Ciel et de la Nature. Et tranquille, soutenue par l'espérance, notre nef atteignit le port.

où la nature et la vie s'animaient et s'embellis-
saient, s'attache maintenant à de pieuses légendes, heureux d'en tirer un argument pour
conclure que dans l'ignorance et la simplicité pri-
mitive, se trouvait la félicité que les hommes ont
perdue.

Dans cette sorte de fluctuation de l'esprit, où
le poète cherche, hors de l'histoire et hors du présent, un idéal de la vie, comment s'étonner qu'il
se concentre en lui-même et aperçoive dans le miroir du rêve les ombres incertaines qu'esquissaient
et personnifiaient ses désirs et ses songes ? Son
chant *Alla sua donna* me paraît inspiré de cet état
du cœur et de l'esprit ; et certainement il ne peut
se rapporter à une femme réelle qu'il aurait aimée
alors. Mestica, et d'autres, ont vu en elle le symbole du bonheur. Giordani, et plus récemment
Zerbini, celui de la liberté. Bornons-nous donc
à rapporter ces mots de Léopardi lui-même dans
son article critique sur ses dix premières canzoni :
« La femme dont parle l'auteur est une de ces
figures, une de ces visions de beauté, de vertu
céleste et ineffable, qui se présentent fréquemm-
ment à l'imagination, soit dans le sommeil, soit
dans la veille, dès que nous sortons de l'enfance,
et plus tard encore, dans une sorte de songe ou de
trouble de l'esprit. Elle est en un mot la femme
qui n'existe pas. » Celui qui voudra connaître la
question plus à fond, aura recours à la belle étude
du professeur Colagrosso qui l'a largement traitée :

La donna del Léopardi e allegorica ? Il trouve avec raison plus d'un rapport entre ce chant et deux autres de Léopardi : *Il pensiero dominante* et *Aspasia*. « Mises en regard, dit-il, *Aspasie* et *Alla sua donna* présentent des ressemblances jusque dans les figures. Elles sont sœurs par l'idée. Toutes deux renferment l'histoire d'une âme. Considérant comme impossible de trouver sur la terre la femme des rêves juvéniles, cette âme s'estime heureuse de l'avoir entrevue un moment et l'aime. Mais, bientôt détrompée, elle reconnaît avec douleur que le mortel blessé n'aimait que la fille de son esprit, l'amoureuse idée, c'est-à-dire la chimère qui renferme en soi la grande part du bonheur. Cette *fille de l'esprit*, cette *amoureuse idée*, appelée aussi *Diva* n'est-elle pas l'éternel féminin, la vision de beauté et de vertu céleste tant de fois apparue à l'imagination du poète, la *sua donna ?* »

En résumé, le poète doué d'une imagination ardente et d'une grande chaleur d'âme avait besoin d'amour ; et moins les circonstances de la vie lui accordaient cette satisfaction, plus son imagination et son cœur excitaient son désir et en faisaient luire les séductions à son esprit très impressionnable. Se recueillant en lui-même, et disposé à imaginer et à se créer de vagues chimères, il en venait à considérer avec une véritable passion l'image de beauté parfaite qu'il se représentait, qu'il cherchait en vain autour de lui, et désespérait de trouver. Car cette disposition, jointe à une faculté imaginative et psychologique à la fois, est celle de toutes les âmes ardentes qui ont ou n'ont point chanté en vers leur *idéale beauté*.

Cette disposition qui inspira à Léopardi ses différents chants, changea nécessairement avec le temps et les circonstances. Ayant passé de la solitude de Récanati à la vie bruyante des grandes villes, comme Bologne, Milan et Florence, tandis que s'aggravaient ses malaises, ses soucis, ses tourments d'esprit, la conception de la vie en se modifiant dans sa pensée, en transforma aussi la représentation dans son art.

Le prélude, le signe précurseur de cette nouvelle manière, apparait dans ses vers à Carlo Pepoli, vers excellents aussi comme travail de style, et où Léopardi a résumé et réuni les idées qui deviendront la matière de ses compositions les plus importantes en prose et en vers.

Sa lettre au comte Pepoli, écrite en pleine période de son activité poétique, manifeste ainsi une double tendance de son esprit et de son génie : le juvénile attrait des chères images que lui dépeint son imagination, et le mépris mêlé de découragement avec lequel dans un âge plus mûr il considérera la félicité, la gloire et l'amour, comme choses absolument vaines. Il souhaite à son ami de pouvoir affranchir sa pensée de la réalité des choses présentes pour se complaire en de douces visions où l'imagination console l'esprit combattu par l'humaine réalité. Mais pour lui, il sent déjà s'affaiblir cette faculté précieuse du rêve, et se sent devenir le froid et morne investigateur des sinistres formes du vrai. De Sanctis, dans son livre déjà cité, parle ainsi de ces vers léopardiens : « L'Épître est entièrement en vers libres, la période en est harmonieuse, d'allure simple et aisée et de ton familier, avec une abondance d'épithètes. Ces qualités ressortent plus encore par la comparaison du style serré, concis et grave des *Nuove Canzoni*[1]. La différence provient du genre, le poète cherchant visiblement une forme horatienne, une élégante familiarité, comme dans une conversation entre gens du monde...

Et non seulement la différence de genre nous explique une forme si éloignée de sa manière, mais son état moral. Ici on ne voit plus cette répugnance pour la claustration et la solitude, cette humeur sombre qu'on sent dans les *Canzoni*. On y voit au contraire un air enjoué, un désir de discourir, une expansion qui récrée l'esprit et déride le visage, même en parlant de choses peu réjouissantes.

Et, en effet, le sujet de cette lettre est fort triste. Elle veut prouver que la vie n'ayant d'autre objet que le bonheur, et que ce bonheur ne pouvant être atteint, toute l'activité qu'on appelle

---

1. Publiées à Bologne en 1824.

vie, est absolument vaine. Ce concept fondamental de sa philosophie il l'avait exprimé déjà
poétiquement de diverses manières. Mais il était
en ses autres poésies comme un sentiment intime et connexe à sa personne, tandis qu'ici il
prend l'apparence d'une thèse développée acadé-
miquement. On n'y trouve ni la nouveauté d'une
idée importante apparaissant pour la première
fois à son esprit, ni la douleur qu'une si terrible conviction ajoute à une souffrance éprouvée
et réelle; cette douleur est déjà escomptée, cette
nouveauté est passée. Il reste une très belle thèse,
soutenue avec éloquence et ressemblant fort à un
paradoxe, où le motif esthétique est moins dans
la souffrance d'une si cruelle vérité, que dans le
plaisir de la démontrer avec élégance. Le poète
nous en entretient et s'y arrête. Toutefois si le
bonheur est impossible, il reste, comme dernière
ressource, l'illusion accordée à celui qui garde
intacte l'imagination et la jeunesse du cœur... La
fin de la poésie nous révèle celui qui était déjà
tout entier à la composition de ses *Dialogues*
fondés sur la même base que la lettre. Elle est
une sorte d'avertissement ou de préface à ses
OEuvres morales... L'Epître est le programme de
toutes ses théories en prose, sur la dure réalité
(*Sull' acerbo vero*). »

La lampe près de s'éteindre donne de soudaines
et plus vives lueurs. Et le poète dont l'âme allait

s'abandonner désolée à la négation de tout bien, le poète, lui aussi, sent un regain de vie ranimer son cœur. L'apparition du printemps le reporte au lieu des inoubliables affections. Un souvenir délicat, une tendre pitié le ramène vers la jeune fille qui autrefois lui fut chère.

Il peut donc se souvenir, il peut s'émouvoir, il peut pleurer? Serait-ce vraiment un réveil du cœur? De cet instant fugitif il reste une Ode qui a pour titre le *Risorgimento*. Comme poésie elle a peu de valeur, mais elle est un document important pour l'histoire psychologique du poète. Deux poésies sœurs, *A Silvia* et les *Ricordanze*, sont un autre fruit de ce même temps. Belles entre toutes, elles ouvrent le troisième temps de la poésie léopardienne, le dernier ; et il est le plus élevé et le plus parfait.

La recherche de la phrase classique, de l'idée et de sa forme, la gravité des sentences, dont sont remplies quelques compositions léopardiennes de la première manière, que valent-elles à côté de la simplicité limpide de l'admirable chant A Sylvie ? Certainement, à la lecture des premières, l'imagination est frappée par l'éclat des images, par le brillant de la phrase étudiée et savamment ciselée, mais l'esprit distrait par cette admiration des détails et de la forme extérieure, ne se pénètre pas, ne s'occupe pas du contenu insuffisamment observé ou approfondi, et le cœur qui ne sent ni émotion, ni chaleur, est surpris et comme étourdi par ces qualités extrinsèques du style qui enveloppe et absorbe l'idée poétique, comme le lierre enveloppe et envahit le chêne. Tandis que dans le chant A Sylvie l'image poétique est si intimement unie au sentiment tendre, la pensée de l'amour et de l'espoir perdus, se confond si naturellement avec la triste méditation de la réalité, qu'on ne voit aucun désaccord entre l'inspiration et l'expression ; aucune recherche de la forme n'atténue la pensée, aucun artifice ne ralentit ou ne diminue l'impression totale de la composition, car aucune n'est plus spontanée, plus délicate, plus tendre, en exceptant les *Ricordanze*, aucune n'est plus profonde par le sentiment comme par la pensée.

Le caractère de cette composition ressort ainsi avec évidence. Cependant il n'y a pas unanimité pour l'admettre comme une poésie d'amour. Poésie d'amour, elle l'est certainement. Mais ce n'est point un amour vivant qui se nourrit de désirs, c'est un amour rétrospectif qui s'alimente de souvenirs, puisque celle qui en était l'objet était morte depuis plus de dix ans. Le poète avait un double sentiment : Sylvie et l'espérance. Sylvie disparut, emportée par un mal intérieur ; puis ce fut l'espérance, emportée par la réalité. Telle est la double pensée qui inspire ce chant, en détermine et en explique les deux éléments et les deux parties qui les divisent nettement. Ramené au lieu de son amour et de son espérance, deux fleurs charmantes de son juvénile sentiment, il s'en souvient, il les évoque, et sentant de nouveau battre son cœur, et renaître en lui, comme en une floraison nouvelle, une sensibilité qu'il croyait à jamais éteinte, il revit ces souvenirs, en ressuscite la vision, en ressent les effets. En un mot il retrouve la possibilité de sentir et d'aimer. Mais ne pouvant aimer dans la réalité présente, il aime dans le passé, se réchauffe à ses rappels qui ravivent l'image effacée de la jeune fille aimée naguère et longtemps regrettée, ainsi que les douces illusions de la séduisante espérance. Et unissant ce double attachement en un unique sentiment, ce double regret en une même élégie, il tire de la douleur de l'un, un motif à la douleur de l'autre. Et dans un inexprimable abandon de soi, il finit sur la pensée que de cet amour et de cette espérance, il ne lui reste plus rien que la tombe *encore lointaine*. C'est dire l'effroi qu'il a de son existence, en se voyant condamné à survivre à des sentiments qui étaient *l'unico spirto* à sa vie désolée.

Dans les *Ricordanze*, ce n'est plus Sylvie, mais Nérine. Est-ce une autre femme? N'est-ce point la même! Pour le plus grand nombre Sylvie est Teresa Fattorini. Pour quelques-uns, tels que D'Ovidio et Mestica, Nérine serait Marie Belardinelli morte en 1827. D'autres encore, pensent avec une foule de bonnes raisons, que Sylvie et Nérine ne sont qu'une seule et même femme, et toujours Teresa Fattorini. Pour moi, je serais tenté de voir dans Sylvie et Nérine, non une identification absolue avec celle-ci ou celle-là, mais la personnification de sentiments réveillés et de souvenirs tendres, auxquels j'ai fait allusion ci-dessus. Car il me paraît hors de doute qu'on ne peut parler d'un amour réel et partagé. Ces deux noms, ces deux figures, représentent un ensemble de souvenirs, d'ardeurs secrètes, d'aspirations, de rêves d'amour, si nous admettons qu'elles se rapportent au temps de la prime jeunesse du poète, quand d'une passion plus ou moins réelle il aimait Teresa Fattorini. Cela me paraît plus conforme à ce qui est tenu pour vrai dans l'histoire intime du poète, quant à ses habitudes d'esprit, à ses dispositions sentimentales.

Si par la forme, mais non par le ton et le mouvement qui diffèrent, les Ricordanze égalent le chant A Sylvie, par le fond, elles en sont la paraphrase. Avec une intensité de passion qui vibre dans l'harmonie intérieure du vers, on voit s'y développer des pensées et des sentiments qui ne sont qu'indiqués dans le chant précédent. L'âme du poète, remuée et absorbée par cette première vision des sentiments que sa mémoire lui représentait en foule, en évoque et en ravive les particularités avec une sorte d'âpre plaisir et une extrême persistance.

Le calme après la tempête et le *Samedi au village* sont deux poésies vraiment caractéristiques. en ce qu'elles s'éloignent de la manière dont sont

généralement conçues et présentées les autres,
où la description du paysage était souvent un
expédient artistique, un élément d'antithèse,
un jeu de clair-obscur. Ici le paysage fait le titre
même de la composition et il y entre pour une
grande part sans interruptions ni ombres, la
claire représentation du fait et de ses circonstances étant dégagée de toute préoccupation sug-
gestive. Le poète voit le paysage avec une sérénité d'artiste et le dépeint avec une grande netteté de touche et une remarquable délicatesse de
coloris. On sent, dans la simplicité de l'expression vive et chaude, dans l'allure aisée du vers où
domine le mètre bref, on sent comme vibrer l'en-
chantement de ces spectacles qu'un peintre et un
poète ne peuvent contempler sans un intime mouvement de plaisir, soit qu'ils se déploient à leur
yeux dans la nature, soit qu'ils se reflètent dans
une œuvre d'art. Léopardi, poète et artiste tout à
la fois, sent et fait sentir cet ensemble d'agréables impressions, et il dit :

> Si rallegra ogni core
> Si dolce, si gradita
> Quand' è com' or la vita [1]....

Après la contemplation esthétique du paysage,
Léopardi se reporte naturellement sur lui-même ;
l'artiste satisfait redevient l'homme qui souffre,

1. Le cœur se réjouit quand la vie est douce, agréable,
comme elle l'est en ce jour.

le philosophe qui raisonne; et revenant à l'antithèse qui est la forme habituelle de sa pensée poétique, il tire comme un voile de deuil sur son lumineux tableau. Mais ces deux poésies, qui précisément pour les raisons indiquées ci-dessus, sont parmi les meilleures de Léopardi, sont aussi les dernières dans lesquelles la charmante conception de l'artiste l'emporte sur la froide méditation du philosophe pessimiste.

La poésie qui, par rang de date, vient à la suite de celle-ci, le *Chant nocturne d'un pasteur de l'Asie*, inaugure une série de lyriques où le vers et l'expression acquièrent une admirable et incomparable clarté. Mais elles se dépouillent de l'image poétique pour prendre une apparence gnomique; trop souvent, elles cessent d'être une représentation pour devenir une argumentation. L'antithèse est maintenant le seul élément, comme forme, qui serve encore à la manifestation de la pensée, devenue dès lors plus philosophique que poétique.

Ce chant du pasteur commence par une idée de comparaison fondée sur la ressemblance :

> Somiglia alla tua vita
> La vita del pastore.

Mais Léopardi ne s'attache à la comparaison qu'en vue de l'antithèse qui naît spontanément de la chaleur de l'apostrophe :

> Intatta luna, talé
> E lo stato mortale

> Ma tu mortal non sei
> E forse del mio dir poco ti cale [1].

Un berger qui parle à la lune avec une aussi pleine connaissance de la vie et des formes de l'univers, sort évidemment de son caractère et trahit à chaque mot Léopardi dissimulé sous ce masque, de même que Brutus révèle Léopardi citoyen et penseur pessimiste, et que Sapho décèle Léopardi dénué d'avantages extérieurs, et *amant méprisé*. Avec des moyens divers le poète trouve donc l'occasion d'arriver toujours à sa fatale conclusion, celle du malheur inévitable et de l'inutilité de l'existence :

> E funesto a chi nasce il di natale.

Mais plus ce concept fondamental de la philosophie de Léopardi s'établit et prédomine dans son esprit en devenant le motif obligé, et pour ainsi dire le refrain de ses raisonnements en prose et en vers, plus sa poésie se fait unilatérale et reflexe, en cessant d'être vraiment lyrique pour devenir gnomique. Elle n'obtient sa perfection que de la clarté et de la pureté remarquables de la phrase et du style, et de cette sorte d'exaltation amère de la souffrance qui se déverse vive et ardente du cœur du poète, dans les images et dans les sentences. En sorte que le raisonnement subtil peut être une poésie très chaude. De cette der-

---

1. Lune pure, c'est là le sort des mortels. Mais toi tu n'es pas mortelle, et sans doute, à mon dire, tu restes insensible.

nière manière où se révèle la pensée léopardienne, nous avons quatre très remarquables exemples dans les dernières compositions : *Amore e morte; Aspasia; Palinodia; La Ginestra.*

Amour et mort, correspond par l'antithèse au *Dernier chant de Sapho*. Dans celui-ci, le poète, avec son âme tourmentée et passionnée, se répand en imprécations, en paroles véhémentes, et conclut amèrement que la mort est le vain terme du génie et des chaudes affections. Mais dix années se sont écoulées depuis, et la souffrance a dompté son âme. Ce qui provoquait en lui des émotions violentes, des indignations et des révoltes, semble à peine maintenant troubler sa froide indifférence, car il s'est accoutumé à ce triste sentiment de *l'infinie vanité de tout*, et avec un froid sourire, comme pour une chose qui ne le touche point, il unit d'un même regard complaisant les fins de la nature et de la vie.

De même aussi dans *Aspasie*. Sans chercher ici quelle est la femme que le poète a dissimulée sous ce nom, voyons en quoi ce chant se rapproche de *Sylvie* et des *Ricordanze*. Toute la poésie est faite de souvenirs d'amour. Mais, tandis que dans les chants de 1818, l'âme passionnée du poète se reporte aux émotions d'autrefois et se complaît dans les *chères images* des jeunes filles, dans les vers qu'il composa six ans après, il ne pense qu'à la flamme éteinte, à la femme qui survit, et qui n'est plus la même femme :

« Tu vivi
Bella non solo ancor, me bella tanto
Al parer mio, che tutte l'altre avanzi.
Pur quell' ardor che da te naque è spento;
Per ch'io te non amai, ma quella diva
Che già vita, or sepolcro, ha nel mio core [1]. »

Le poète a donc pu dire qu'il se renferme dans une froide indifférence, et se complaît dans le dédain de la souffrance de son propre cœur :

Che se d'affetti
Orba la vita e di gentili errori,
È notte senza stelle a mezzo il verno,
Già del fato mortale a me bastante,
E conforto e vendetta è che su l'erba
Qui neghittoso immobile giacendo
Il mar, la terra e il ciel miro e sorrido [2].

Et le sourire est vraiment la pénultième forme de la souffrance chez Léopardi. D'abord de chaudes effusions, puis un froid raisonnement, ensuite un amer sourire. Et cette dernière manière est celle de la *Palinodie*, sous la forme de l'ironie. Après avoir largement creusé, en prose et en vers, l'incessante pensée de l'inévitable souffrance humaine et du néant de toute chose, il

1. Tu vis, (Aspasie) belle toujours, si belle même à mes yeux que tu surpasses toutes les autres. Mais cette ardeur que tu fis naître en moi s'est éteinte, car ce n'est pas toi que j'aimai, mais cet idéal qui vivait naguère en mon cœur, et qui est mort à présent.
2. Car si la vie privée d'affections et d'aimables illusions est une nuit d'hiver sans étoiles, pour moi la consolation et la vengeance de ce destin des mortels, est de contempler, insouciant et calme, la mer, la terre, le ciel, et de sourire.

dit maintenant son *confiteor* avec un humour douloureux qui se révèle à chaque ligne. Et comme c'est le seul des chants léopardiens qui ait cette forme ironique, Zumbini donne l'explication suivante de ce fait assez singulier : « L'ironie n'était point naturelle chez Léopardi! la vie lui avait d'abord paru une infinie misère, et les hommes autant d'innocentes victimes dont il interprétait la douleur par la sienne. Jusqu'à un certain moment il ne s'aperçut pas, et ne soupçonna même pas, qu'ils pussent être avec lui en assez complète opposition pour vanter le charme d'une vie et d'un destin qui lui paraissaient à lui si insupportables et si exécrables. Ce moment arriva pourtant, et son désenchantement le chagrina, le blessa; alors il se retourna contre ceux qui, à son sens, devant souffrir comme lui, ne parlaient pas comme lui; et il en attribua la cause à la sottise, et plus encore, à la lâcheté de ses semblables, incapables de se révolter contre leur commun oppresseur. Avec le temps son esprit s'exaspéra davantage. La vie réelle non seulement lui paraissait, mais devenait pour lui, toute différente de l'idée qu'il s'en était faite. Aussi, quand le réveil du sentiment national dans la Péninsule lui fit entendre de toutes parts un langage de foi et d'espérance dans les destinées de la patrie et de l'humanité, ce langage lui semblait une sorte d'insulte. Chez ses amis de Toscane (quelques-uns participaient à ce mouvement d'idées nouvelles), dont il avait

reçu les plus grands réconforts et le plus efficace
secours, il ne trouvait plus de correspondance
d'idées et de préoccupations. Le malheureux dut
plus d'une fois se sentir comme abandonné dans
la vie et éprouver, plus encore que la souffrance
de vivre, du mépris pour un monde qui trouvait
un sens si magnifique à la vie. Ce sentiment nouveau lui donna le désir de le manifester par l'ironie
et la satire. Mais si, en philosophant, il était le
plus souvent dirigé par ce sentiment, lorsque re-
naissait le poète, renaissaient en même temps des
sentiments plus doux, des images plus agréables.
Il semble que ces visions poétiques eurent le
pouvoir de tempérer d'un peu de douceur sa
grande amertume, de le soustraire à la vue de ce
qui l'irritait davantage, de le ramener en arrière,
aux jours de ses premières souffrances, de sa
première manière d'envisager le monde, alors
qu'indifférent à ceux qui chantaient la beauté des
destinées humaines, il regardait la vie de haut, et
entre le ciel et la terre, presque comme son *Gallo
silvestre*, il se lamentait sur ses infinies misères.
Le poète portait avec lui une partie du vieil
homme en qui les sentiments de haine et de
mépris se conciliaient moins que chez le philosophe. De tous ses chants lyriques, on peut dire
que la *Palinodie* est l'unique exception d'une
poésie entièrement satirique. Il est vrai que dans
ceux de la seconde période on trouve çà et là
quelques traits d'ironie, mais qui ne changèrent

en rien le caractère sérieux et triste de l'ensemble,
l'ironie n'étant que dans les sentences. C'est le
philosophe qui se laisse voir un instant, mais la
pensée du poète est toujours sombre et douloureuse, il a des larmes dans la voix. La *Palinodie*
et les *Parolipomènes* sont les seules poésies sati-
riques de Léopardi, les seules où il représente
une vision comique du monde, qui lui parut toujours une tragédie.

La dernière des poésies léopardiennes, *La
Ginestra* (le genêt), revient à la manière gnomique
du *Chant du pasteur*. Il trouve dans les ruines
éparses autour du Vésuve un sujet de critique
contre le *répugnant orgueil* des hommes qui se
croient les maîtres de l'univers et ne sont que
de misérables atomes méprisés de la nature,
tandis qu'il loue la modeste fleur de genêt qui,
sans prétention et sans révolte, se soumet à sa
destinée. Rechercher avec Cesareo[1] si l'idée de ce
chant fut inspirée à Léopardi par les *Triomphes* de
Pétarque ou par la poésie latine de Sannazzar sur
les *Ruines de Cumes*, par les *Ruines* de Volnay, les
Nuits romaines de Verri, la *Corinne* de madame
de Staël, le *Pèlerinage de Child-Harold* de Byron,
ou par d'autres œuvres encore, en prose et en
vers, d'écrivains italiens et étrangers, pourrait

---

1. Cf. *La Ginestra e la poesia delle rovine.* Zanella avait déjà
remarqué une certaine affinité de pensée entre la *Ginestra* et
des stances de Shelley sur la tristesse des environs de Naples.
— Cfr. De Marchesini. *La Ginestra di Giac. Léop.* Naples,
Milan, 1883.

satisfaire la curiosité de l'érudit, mais aussi en conduire la pensée un peu loin de celle du poète. Ici la pensée et le spectacle des ruines ne l'émeuvent ou ne l'inspirent qu'autant qu'elles lui servent à établir une nouvelle prémisse à son perpétuel syllogisme. Comme Brutus, comme Sapho, comme le pasteur de l'Asie, le Vésuve, Herculanum, Pompéi, et la petite fleur de genêt, ne sont que des moyens et des prétextes dont se sert le poète pour moduler son éternel refrain. De même que tous les personnages et toutes les situations de ses dialogues, sont disposés pour une seule et même fin et conduire à une même conclusion. Un rapport accidentel possible de la *Ginestra* avec certains ouvrages antérieurs ne peut cependant faire supposer qu'elle en soit une dérivation réelle et propre, alors que Léopardi qui écrivait au pied même du Vésuve, avait autour de lui présentes, et pour ainsi dire parlantes, toutes les circonstances qui forment le sujet apparent de sa composition. On ne peut s'étonner que lui, qui si souvent avait accusé la nature d'être une dure marâtre sans souci de l'humanité, en voyant fumer le *redoutable mont*, et en entendant résonner sous ses pas le sol devenu le tombeau de florissantes cités, ait trouvé là une occasion de reprocher une fois encore à cette mère indifférente le misérable sort de ses créatures. Le souvenir des villes ensevelies ne procède donc ici d'aucun sentiment historique, politique ou philosophique, inspiré par les ruines elles-mêmes. Il a même son unique raison logique et esthétique dans une double antithèse (forme habituelle à Léopardi), la puissance destructive de la nature et l'impuissance de l'homme; *l'orgueil insensé* de celui-ci se dressant contre les étoiles, et la sage humilité de la fleur qui *ploiera sans résistance, sous le destin mortel, sa tête innocente.*

Pour mettre en lumière sous toutes ses faces son amère et invariable idée de la vie, le poète a besoin d'expédients extérieurs à l'idée elle-même, tirés de la réalité de l'histoire ou de la nature, afin de lui donner de la variété et de l'intérêt. De là les inventions et les personnages qui forment l'ossature des *Dialogues*, et de là aussi la description des ruines dans la *Ginestra.* A part la puissance de couleur dans la représentation de certaines circonstances, ce chant n'est point parmi les meilleurs de Léopardi, il est même parfois prolixe et déclamatoire. Panzacchi écrit à ce propos : « J'ai si souvent entendu célébrer cette poésie comme la plus parfaite du poète, que j'hésiterais à porter un jugement différent, si je ne savais que beaucoup l'ont ainsi jugée sur ce qu'en avait écrit Giordani, et les autres pour la raison qu'elle est la dernière et la plus longue. Loin d'être constamment soutenue par un souffle chaud et spontané, elle me fait l'effet d'une interminable plainte, plus cherchée qu'inspirée. Qu'il y ait de belles images rendues en de beau vers, dans la première partie surtout, cela ne peut surprendre ; mais en se poursuivant, un raisonnement froid remplace trop souvent le souffle poétique, et je crois qu'avec quelques variantes dans les mots et les figures, cette poésie pourrait se réduire à un discours en prose ; dans cette prose remarquablement précise, claire et froide de son *Elogio degli aucelli* et de son *Cantico del gallo silvestre*. On aurait ainsi un témoignage de la complète fusion accomplie dans la dernière période de cette vie si malheureuse, entre l'esprit poétique et l'esprit philosophique de Léopardi[1] ».

La dernière œuvre poétique que la mort l'empêcha de terminer, bien qu'il y ait travaillé de longues années, est le poème satirique en octaves des *Paralipomènes de la Batrachomyomachie*, sorte de continuation du poème d'Homère que le poète dès sa jeunesse avait étudié avec amour. Ce combat des rats et des grenouilles soutenues par les écrevisses, semble être une allégorie des mouvements de 1821 à Naples, mouvements mal conduits et mal réussis, aussi dénués de gloire que de succès. Les rats en déroute sont les Italiens, les écrevisses intervenues sont les Autrichiens. Ce

---

1. Cette conclusion est réfutée par Barzellotti pour qui les deux éléments que Panzacchi croit s'être à la fin fondus en un seul, sont « deux états différents de l'esprit du poète, non pas successifs, mais alternatifs, et où peu à peu, à la chaleur du sentiment poétique d'une part, et de l'autre, presque en même temps, à la lumière douce de la réflexion, se développe sa sombre conception du monde et de l'existence. »

poème, prolixe et souvent obscur, manque d'ensemble et de proportions. Les descriptions des lieux et des circonstances, habilement conduites cependant, ne sont pas en rapport avec la subtilité du sujet, et les digressions morales, philosophiques et historiques, attardent et compliquent son développement. Tout occupé de ses propres pensées et ne prenant d'autre soin que de relever tout ce qui dans les coutumes sociales et les formes de la vie civile lui paraissait mériter d'être blâmé ou critiqué, il se laisse entraîner à de longues et fréquentes digressions plus ou moins allégoriques, où son humeur noire et son pessimisme se donnent largement cours, au grand dommage de l'unité et du mouvement poétique.

Bien qu'en ces dernières années une disposition à masquer d'une légère ironie l'expression de sa pensée, soit entrée dans l'esprit du poète, il était trop profondément et trop exclusivement pénétré des principes de sa philosophie pour qu'il lui restât l'objectivité sereine sans laquelle il n'est pas de poème satirique. L'invective, l'ironie, le sarcasme, peuvent se trouver dans un morceau lyrique ou dans l'épisode d'un poème. Mais si tout le poème doit être satirique, il faut aussi qu'il soit comique. Or, rien ne serait plus faux que d'imaginer un Léopardi donnant une apparence comique à sa tragique conception de la vie.

L'allégorie qui voile les idées du poète est aussi trop transparente. Le dessein de critiquer, de railler tout ce qui tient aux choses et aux coutumes humaines, est trop évident, trop usé, pour qu'à la puissance poétique de l'auteur reste la possibilité de donner de la vie à un sujet si ingrat. Avec beaucoup de finesse Zumbini a observé que « tout le poème, jusque dans ses plus petits côtés, paraît avoir été conçu de manière qu'un philosophe habile et pessimiste, trouve sur chaque point occasion ou prétexte de mettre au jour ses élucubrations et d'exhaler sa mauvaise humeur. Le poète est obligé de céder continuellement la parole, et d'attendre, soumis, qu'on veuille bien la lui rendre[1] ». Zumbini a observé aussi certaines ressemblances qu'on ne peut croire accidentelles entre les *Paralipomènes* et les *Animaux parlants* de Giambattista Casti. Mais je ferai remarquer qu'entre ces deux poèmes il y a cette très grande différence que Casti, qui se proposait de faire par la satire politique un apologue de proportions épiques, n'a jamais su trouver la note patriotique ; Léopardi au contraire, qui reprit, par une simple fantaisie, le sujet de la Batrachomyomachie et introduisit dans son poème tous les genres d'allégories historiques et sociales, a donné à l'Italie, à ses gloires et à Rome, des vers qui ne furent point sans effet dans les esprits qui préparèrent, accomplirent, ou accompagnèrent de leurs vœux, l'œuvre de libération.

1. Cfr. Zumbini (*Op. cit.*).

Si ces hautes conceptions sociales mettent Léopardi au nombre des poètes qui aidèrent grandement au relèvement de la patrie, le jugement que l'on porterait sur lui serait incomplet et faux, si on ne voyait combien son œuvre poétique s'élargit, et sort des limites, toujours relativement restreintes, où se circonscrit d'ordinaire un temps historique. Le problème de l'histoire italienne durant cette période ne le retint pas longtemps. Aussitôt après ses deux premières canzoni, il agrandit son plan, et embrasse l'histoire générale de son pays ainsi que l'histoire universelle. Et ce développement du contenu historique alla de pair avec la maturité et la solidité de ses idées morales qui eurent bientôt une cohésion et une précision systématiques. Alors le poète sortant de l'histoire, aborda franchement et pleinement le problème de la vie humaine, de la vie universelle, et se lança, non moins que Dante peut-être, dans *lo gran mar dell' essere*. Puis, à mesure que se déterminaient et se précisaient clairement les postulats de ce qu'on appella la philosophie léopardienne, sans que Léopardi ait été vraiment philosophe, sa pensée poétique s'affranchit des formes traditionnelles de l'art et de ces habitudes d'esprit qu'il avait contractées dans ses premières études. L'idée était d'abord enveloppée dans le motif poétique, parfois aussi dans un véritable lieu commun, la recherche des expressions, les latinismes, certain genre et certaine forme d'images, certaine disposition symétrique, accusaient l'influence de modèles connus. Est-il nécessaire de rappeler dans sa première canzone, sa peinture de l'Italie, l'abus de l'interrogation, la préciosité des idées, la comparaison du *lion au milieu d'un troupeau de taureaux*, et autres choses semblables !

Mais ce fatras de rhétorique fut bientôt mis de côté. Peu à peu le style devient plus naturel, plus homogène dirai-je, et si cette affectation trop pompeuse, cette recherche trop apparente d'élégance et d'effet se manifeste encore, comme dans le dernier chant de Sapho, cela tient au genre du sujet, ou plutôt du motif poétique choisi par l'auteur. Pouvait-on faire parler en une forme qui ne fût pompeuse et magnifique les héros de la Grèce et de Rome? Pouvait-on célébrer les grands patriarches de la vénérable antiquité, autrement qu'en une forme travaillée et ornée? Mais quand le poète eut renoncé à ces sujets historiques, et trouvé pour sa pensée propre et originale, une forme spontanée et l'unité organique dans la représentation, alors les formes académiques, d'abord préférées, et les métaphores de vieux style, firent place à une expression très claire et très pure, née et coordonnée avec la pensée, par l'effet d'un acte immédiat, spontané et parfait de la conception poétique.

Mais ceci ne serait point un éloge pour l'art léopardien, si lui-même eut été un philosophe;

je veux dire un penseur capable d'amener à une
stricte unité systématique, et à diviser, à serrer
dans une étroite corrélation formelle de théo-
rèmes et de postulats doctrinaux, ce qui ne fut
que son *sentiment de la vie*. Car Léopardi, même
quand il veut raisonner, ne cesse jamais d'être
un grand impressionniste et un grand idéaliste, et
c'est pourquoi il est un grand poète ; c'est pourquoi la pensée se présente toujours dans son
vers, en une vivante image poétique, et c'est pourquoi déborde et se déverse par l'expression et
par l'image, le trop-plein d'un sentiment d'autant
plus fort et plus communicatif, que sa manifestation en est simple. Même lorsqu'il semble
absorbé dans la sombre pensée qui torture son
cœur plutôt que son cerveau, il ne peut faire
qu'une infinité d'images ne surgissent au milieu
de ses méditations, ne prennent vie et sens à ses
yeux, en remplissant ses chants de gracieuses
figures. De là, cette richesse d'imagination qui
revêt ses pensées d'un lumineux éclat, de là aussi
cette expression vive et variée du sentiment de la
nature, profond chez tous les vrais poètes, et
particulièrement profond chez Léopardi. Il comprend et il aime la nature dans son immensité et
dans ses mystères ; et, en poète amoureux, il s'en
représente les changeants aspects dans ses longs
entretiens avec lui-même, et en fait les confidents de ses tourments. Ainsi la lune qui s'élève,
et disparaît à l'horizon, les ombres qui descendent

des hauteurs, les haies qui reverdissent, les feuillages qui bruissent, les fleurs, le vent, la tempête,
le limpide azur, forment autant de figures vivantes
et délicates qui accueillent comme une famille
aimable, ou du moins qui écoutent, les plaintes de
son âme.

Mais si les aspects et les formes de la nature
ont vie dans son imagination et lui paraissent
avoir du charme et de l'attrait, la nature, au
contraire, prise dans son ensemble, ou plutôt,
comme principe et comme cause des choses, est
amèrement apostrophée par le poète. C'est que,
de cette cause occulte et universelle il en person-
nifie en quelque sorte l'abstraction qu'il met
ensuite devant lui comme objet constant de ses
lamentations. De même que *vers ses aspects charmants il portait ses yeux et son cœur*, de même il
désirerait être favorisé par elle. Mais il est dif-
forme, malade, malheureux! Il n'y a pour lui ni
beauté, ni sourire, ni joie. C'est la faute de la
nature qui lui rend toute chose vaine, et fait inévitablement et à jamais son malheur. Mais n'est-
ce que pour lui? Ces accents de douleur que de
tous les siècles de l'histoire et des extrêmes confins
du monde habité, l'humanité apporte à son oreille
et à son cœur, ne le rendent-ils pas certain que
la vanité des choses et l'infélicité de la vie sont
universelles? Alors le poète, au lieu de se renfermer dans un fier individualisme, entend et
comprend la grande voix de l'universelle douleur

dont Goëthe avait déjà apporté un écho, et dont
Byron, Shelley, Heine, Musset, Vigny, s'étaient
fait en leur temps les interprètes et les prophètes.
Et lui, sans le vouloir, et sans en avoir la conscience, par la puissance innée de son génie, et
par l'influence des temps, égala les plus grands
de ceux-là, même dans ce mérite qui ne semblait
point accordé à la poésie italienne, la simplicité.
Il acquit la perfection de la forme en écartant les
procédés consacrés par les écoles et tout modèle
de construction métrique, en laissant dans la
libre strophe se dégager le vers affranchi de la
rime, très mélodieux cependant par l'intime harmonie de la pensée et du sentiment admirablement fondus, et se détachant dans la transparente
limpidité d'un style où rien n'apparaît de l'art, et
cependant artistiquement parfait.

CHAPITRE V

LA PROSE DE LÉOPARDI

L'idée et l'art dans la prose de Léopardi. — Ce que renferme
la prose de Léopardi. — Structure de ses dialogues. — Ses
Opérettes morali, son *Histoire du genre humain*. — Ses premiers dialogues. — Suite de ses dialogues. — Ses disserta-
tions en prose. — Sa correspondance.

Dans un cours d'histoire critique de la littérature, en temps qu'art, lorsque nous nous pro-
posons de parler de la prose de Giacomo Léopardi, il est évident que nous devons nous borner
à étudier plus spécialement les œuvres dont la
valeur a fait à l'auteur sa réputation de prosateur,
et quant au fond, à ce qui est nécessaire pour en
éclairer l'idée et en apprécier la forme.

Donc, puisque nous ne devons étudier la prose
léopardienne que comme *œuvre d'art*, nous passerons sur ses premiers écrits dont il a été suffisamment parlé au commencement de ce livre.
De même nous ne disputerons pas sur la genèse

de ce qu'on a appelé la philosophie léopardienne[1], ni sur ce qu'elle a de bon ou de mauvais. Notre plan circonscrit ainsi les limites de notre analyse qui doit se porter plns spécialement sur les *OEuvres morales* et sur la *Correspondance*. Les *Pensées*, ouvrage fragmentaire et posthume étant d'un caractère qui ne peut entrer proprement dans presque aucun des grands genres de la littérature entendue artistiquement.

Les œuvres morales parurent en 1826, réunies en un volume, après avoir été publiées, ainsi que quelques essais, dans le *Nuovo Ricoglitor* de Milan, et dans l'*Antologia* de Florence.

Le jeune homme qui, à vingt ans, avait écrit à Giordani que tout était à créer dans notre prose, au dehors comme au dedans, s'expose maintenant au jugement du public par un petit ouvrage de dimension modeste, mais rempli de choses, et un recueil d'Essais et de courts dialagues soigneusement travaillés autant sous le rapport de la langue que sous le rapport du style. Et le public des savants, qui connaissait alors l'esprit et la pensée du poète, qui avait lu et remarqué son *Brutus* et son *Chant de Sapho*, le public, dis-je, sous l'impression immédiate de cet art nouveau dans la

1. On peut lire à ce propos le remarquable dialogue de G. Chiarini, *entre un Giobertien et un rationaliste*, ajouté à l'édition des OEuvres morales de Léopardi, publiée à Livourne en 1870 ; ou bien encore le docte Essai de Barzellotti : *Schopenhauer e G. Leopardi* dans le volume intitulé : *Santi, solitari u filusofi*. Bologhe, 1886.

prose italienne, se contenta d'admirer, et ne parut pas prêter grande attention à sa contenance philosophique. Manzoni peut ainsi louer le style de Léopardi comme parfait, et Gioberti trouver des analogies entre Léopardi et Machiavel, pendant que Giordani, avec une enthousiaste admiration, découvre dans le style des *OEuvres morales*, la pompeuse élégance du Tasse, la concision de Speroni, la fine rondeur de Paruta, la candeur de Gelli, la sincérité de Firenzuola, la finesse et la fermeté de Pallavicini, en même temps que la libre imagination de Platon, la grave élégance de Marcus Tullius. Plus tard Mamiani signala aussi entre Léopardi et Manzoni bien des affinités dans certaines formes de leur prose. Qu'est-ce donc que la prose léopardienne? La prose — a écrit de Sanctis — est un reflet de la vie[1]. Il faut donc que le prosateur sache et puisse recueillir les éléments universels de la vie et de l'esprit humain, et les particularités de l'histoire, c'est-à-dire des circonstances qui se trouvent nécessairement modifiées suivant le temps et les lieux ; et puisque l'esprit des nations, leur histoire, le caractère de leur langue, ne sont ni toujours, ni partout semblables, il faut que le prosateur s'adapte aux éléments formels et traditionnels qui sont en vigueur dans le temps et le lieu où il écrit. Ces

---

1. Je rapporte ici un passage de mon introduction aux *Proses de Léopardi*, éditées à Florence, chez Bemporad, en 1892.

conditions se trouvent réalisées dans le *Miroir de la vraie pénitence* de Passaventi, dans le *Décaméron* de Boccace, dans Machiavel, dans Galilée. Et c'est pourquoi Passavanti, Boccace, Machiavel et Galilée sont d'excellents prosateurs. Sans doute vers 1820, alors que pénétrait l'esprit révolutionnaire et que dominait la politique, que le scepticisme critique de Kant et le pessimisme de Schopenhauer battaient en brèche les retraites du spiritualisme traditionnel qui se remettait à peine des vives attaques de Voltaire, que le langage de la passion s'affadissait dans le sentimentalisme et s'enflait dans l'emphase romantique, on ne pouvait plus reconnaître l'image de la vie dans les sombres légendes contées avec tant de lucidité par frate Passavanti, pas plus que dans les railleries, les duperies, les sorcelleries, que Boccace décrivait avec un tranquille sans-gêne et un grand luxe d'ornements. Trop placide et trop froide aussi devait paraître la prose raisonnée de Machiavel, et trop rigide et mathématique la prose scientifique de Galilée. Il fallait autre chose. Manzoni, pour son compte, se propose le problème et il le résout de telle sorte qu'il allume des disputes mais fait des prosélytes ; et sa manière fut, et est généralement tenue comme la meilleure, comme la seule praticable et vraie. Léopardi, sans se poser en novateur, rajeunit et renforça la tradition. De Passavanti et de quelques autres du *trecento* il prit la clarté et parfois la simplicité ;

de Boccace la belle élégance et l'allure un peu étudiée ; de Machiavel la logique serrée ; de Galilée la précision et la netteté. Ce qui ne veut pas dire que participant des qualités de chacun d'eux, il fut supérieur à tous. Émettre une telle opinion serait léger et prétentieux autant que vain. Pas plus qu'un Passavanti au xix° siècle, un Léopardi n'était possible au xiii°. Dino Compagni ne pouvait être Machiavel, et Galilée ne pouvait écrire dans le style de Boccace. Parler de perfection littéraire sans distinction de temps et de lieu, n'a aucun sens. Aristophane paraîtrait aujourd'hui d'une surprenante naïveté, la « Chanson de Roland » serait tout au plus héroïque, et à peine moins enfantine que l'histoire de *Bertoldo et Bertoldino*, et aucun historien moderne ne voudrait écrire exactement dans la manière de Thucydide et de Tite-Live.

Léopardi, prosateur, est donc partisan de la tradition. C'est-à-dire que, jeune, il avait l'esprit pénétré des formes de la prose du *trecento*, lorsque le plus grand nombre des écrivains employaient la langue vive et imagée alors en usage, et du *cinquecento* lorsque certaines expressions et certains modes populaires rajeunissaient la prose grave de Machiavel, et s'introduisaient dans le dialogue des auteurs comiques ou dans les pages des auteurs artistes. Léopardi partait de l'idée même de Manzoni, la devançant peut-être. Ce qui le prouverait c'est qu'en mai 1817, il

écrivait à son ami Giordani : « J'avais pensé
m'instruire par des illettrés (florentins et toscans)
ou plutôt, par eux, me rendre familière cette
infinité de formes populaires souvent d'un très
heureux effet dans les écrits, et cette propriété et
ce naturel que le peuple, instinctivement, garde
si admirablement dans la parole. Et je pensais à
Platon qui disait que le peuple qui fut pour Alcibiade devait être maître en beau langage, à la
jeune Athénienne qui reconnaissait à son parler
que Théophraste était un étranger, et à Varchi
qui assurait qu'en son temps, pour connaître la
langue florentine, il fallait quelquefois se mêler à
la populace de Florence. »

Giordani, alors grand dictateur du goût littéraire, l'en dissuada, et Léopardi, par complaisance, mais non par conviction, suivit son avis.
Cependant comme il avait la ferme persuasion
que la prose italienne était encore à créer, il put
ainsi se garder naturellement indemne de ce vice
d'imitation auquel aurait cédé un esprit moins
fort, d'autant plus qu'une admiration aveugle
l'attachait à Giordani écrivain de valeur sous
certains rapports, mais trop entaché du vice
séculaire de notre littérature, — le pédantisme
académique. — Le modèle le plus efficace sur
le poète, comme l'a très bien dit M. Bouché-
Leclerq, fut le style des Grecs. Il apprit ainsi à
exprimer sa pensée dans sa nue simplicité, d'une
manière sobre et délicate qui laisse ressortir les

détails, et garde aux proportions toute l'harmonie nécessaire.

Des Grecs aussi il prit l'idée de développer sa pensée philosophico-morale sous la forme dialogique, avec une nouveauté et une variété d'inventions et de procédés ignorés de nos plus distingués dialogistes des seizième et dix-septième siècles. Cette nouveauté, disons même cette singularité, fait penser à Lucien auquel Léopardi emprunta cette teinte d'ironie, de satire, ou de raillerie amère, que l'on rencontre çà et là dans ses dialogues.

A la manière de Lucien, Gozzi avait aussi fait parler les dieux et les morts dans quelques dialogues moraux, mais froidement, sans aucune vie, par conséquent sans effet. D'autant que les postulats de la morale commune semblaient peu propres à apporter une nouveauté et un intérêt quelconque à une forme dont l'antiquité avait si largement usé, et dont notre xvi° siècle, puis notre xvii°, si largement abusé.

Mais chez Léopardi il y a une grande nouveauté de pensée. Car si l'ancienne philosophie, et plus encore la nouvelle, avaient avec bien plus de profondeur creusé le problème de la vie en en tirant de non moins douloureuses conclusions que Léopardi, cependant c'était la première fois que ce sujet entrait dans le domaine de notre littérature, comme art. Et il y entrait avec une telle abondance de moyens dans sa rigide unité de conception, tant de persistance de pensée et d'évidence insidieuse de raisonnement, tant d'art de style et de dialectique, que le lecteur conquis, et l'auteur lui-même pénétré sans doute de son œuvre, attribuèrent à ces *Proses* une valeur philosophique bien supérieure à leur valeur réelle. Et que ceci ne passe point pour un manque de respect envers le grand écrivain, puisque cette opinion est généralement admise maintenant par ceux qui font autorité dans la philosophie moderne et dans la critique littéraire. Je citerai Barzellotti qui s'exprime ainsi : « Si on appelle philosophe l'écrivain né pour se révéler plus particulièrement dans les choses morales, pour pénétrer le fond de l'esprit humain en sachant le mettre à nu sous le scalpel aigu de l'observation, un écrivain en qui la conscience de sa propre pensée soit telle que de toutes parts elle ressorte clairement, et qui joigne à une élévation innée l'habitude d'une discipline sévère, l'art de savoir exposer des idées avec une méthode sûre, de les pousser sous l'autorité de la parole, sans jamais faillir à son but, qui est de pouvoir dire tout ce qu'il veut dire ; si cet écrivain, je le répète, mérite le nom de philosophe, Léopardi, certainement, eut à un haut degré cette faculté, très visible dans ses proses morales parmi celles trop rares que notre littérature ait à opposer aux compositions de ce genre particulièrement nombreuses dans les littératures française et anglaise. Mais il y

a une autre faculté qui doit prévaloir dans le
génie du philosophe, et qui lui est propre ; celle
de dégager, de saisir la réalité dans les choses
et dans les événements humains, en procédant
soit par induction, soit par une heureuse intuition jusqu'aux limites d'un vaste ordre d'idées
strictement liées entre elles, pour en établir
ensuite successivement toutes les conséquences
et les rapports plus lointains avec d'autres ordres
d'idées. Cette faculté, difficile à accorder avec un
esprit imaginatif et sentimental excessif, fut il me
semble assez faible chez Léopardi [1]. » Barzellotti
revint sur ce point dans une autre belle page :
« La philosophie exposée dans les *Operette morali* n'est que la forme réflexe du pessimisme
poétique de Léopardi ; elle est aussi une poésie
en prose. (Il le disait à son père à peu près dans
les mêmes termes en parlant de ces écrits.) C'est
pourquoi elle ne peut jamais être considérée telle
que la considérèrent Giordani et Ranieri, c'est-à-
dire comme une faculté spéculative particulière à
l'esprit du récanatais, et comme une seconde
forme d'inspiration originale où il se serait révélé
dans ses *Proses*. Admirables par la lucidité de la
pensée et du style, par l'acuité d'observation
morale, et souvent aussi par la puissance de raisonnement autant que par la valeur du contenu
spéculatif, elles sont à ses poésies (qu'on me

1. Cfr. Barzellotti. *Santi, solitari, e filosofi.* Bologne, 1868.

passe ces termes de mathématique) dans la proportion où le Léopardi philosophe est au Léopardi poète. Elles n'expriment que la forme réflexe, raisonnée, de son pessimisme de sentiment... En considérant les *Proses morales* sous cet aspect on voit qu'il ne serait pas exact de parler, comme beaucoup l'ont fait jusqu'ici, d'un Léopardi philosophe, en l'opposant presque au Léopardi poète. Et on peut moins encore avoir lieu de s'étonner ensuite avec Giordani de la *très difficile victoire qu'un si jeune poète avait su remporter sur sa vive et brillante imagination.* La faculté originale de l'abstraction intuitive propre au philosophe, et dont Schopenhauër parlait comme d'une force de l'esprit spéculatif, capable de donner une vie et un organisme conformes aux idées conçues, n'est pas chez Léopardi. »

Le dialogue moral ou philosophique des classiques grecs ou latins et de leurs imitateurs du XVIe siècle, a lieu entre interlocuteurs qui furent des personnages connus, ou qui du moins en eurent le nom. La discussion a donc un fondement de vraisemblance et de naturel, aucun élément imaginatif n'intervient pour remplir la scène, agrémenter le discours, exciter la curiosité. Et on le comprend. Le dialogue classique est calme et doctrinaire ; la nouveauté, l'intérêt, l'effet, sont dans l'argumentation et dans la conclusion qui varient dans chaque dialogue, parce que chaque dialogue a un sujet différent. Dans

Léopardi ce n'est pas ainsi. Le pessimisme de l'écrivain crée à sa pensée une perpétuelle entrave qui l'empêche de saisir l'ensemble des éléments qui constituent la vie, et d'avoir pleinement de celle-ci l'intuition abstraite. L'idée de la vie prend dans la pensée léopardienne des formes rigoureusement exclusives, se colore de teintes monotones et sombres; et en dissimulant et obscurcissant presque, la multiple relativité des aspects que présentent les choses, elle reste immuablement enfermée dans un postulat : le malheur inévitable de l'existence, *l'infinie vanité de tout. Cette unilatéralité*, si on peut ainsi s'exprimer, du concept moral léopardien, n'était certainement pas fait pour apporter de la variété et du mouvement à une série de dialogues où se fussent entretenus des personnages ordinaires, suivant l'habituelle manière. En supposant que Léopardi ait fait parler Giordani, Colletta, ou d'autres amis, comme avaient fait Platon, Ciceron, Bembo, le Tasse, et autres dialogistes moraux, n'eût-il pas épuisé en un ou deux dialogues, tous les arguments avec lesquels il aurait cherché à aboutir à sa conclusion fatale et forcée ! Et s'il n'avait tenu à se poser lui-même en interlocuteur dans ses dialogues, auquel de ses parents, de ses amis, ou même à quels personnages historiques d'autres âges, eut-il pu attribuer raisonnablement des idées et des raisonnements qu'il croyait siens, plus qu'ils ne l'étaient peut-être, mais qui alors

n'étaient ouvertement et systématiquement pro-
fessés par qui que ce soit?

Ainsi devient évidente non seulement l'utilité,
mais aussi la nécessité esthétique de l'élément
imaginatif sur lequel il plut à Léopardi de développer ses dialogues. Si le mot nécessité semble
trop absolu, personne ne contestera qu'il est la
raison ou l'explication du fait.

Léopardi tira de ces inventions un très singulier et très curieux parti, et des effets artistiques
pleins d'intérêt. Intérêt au rebours de celui que
présente d'ordinaire ce genre d'écrits. Dans les
uns l'intérêt est de savoir quels sont les arguments que s'opposeront les habituels interlocuteurs, et les conclusions qu'ils établiront. Dans les
autres c'est de savoir comment des interlocuteurs
bizarres et jamais entendus encore, très loin souvent de la réalité de la vie et de l'histoire, par-
tant de circonstances purement imaginaires, s'en-
gageront dans la voie des habituels raisonnements
et arriveront à l'habituelle conclusion.

Et comme l'effet artistique ajoute de l'intérêt et
rompt la monotonie qui serait immanquable si des
personnages quelconques débitaient le même discours, si varié qu'il soit dans les procédés et dans
la forme, l'invention devient ainsi visiblement
favorable au dessein de l'auteur, qui est de montrer que quelle que soit la voie, quel que soit le
principe, on arrive toujours à conclure de même.
Voyez, semble-t-il dire, si n'importe quelle forme

de la vie, n'importe quel moment de l'histoire, n'importe quel point de l'univers, n'est pour celui qui sait observer, une preuve de plus de ce que j'affirme. Et il cherche dans son imagination, quels personnages, quelles images, quelles figures, quelles choses, offriront un prétexte à ses raisonnements, et il les saisit, les caresse, les enveloppe du réseau insidieux de sa sombre doctrine. Cette variété, cette singularité d'inventions, atténuent grandement la monotonie du sujet. Le caractère de certains interlocuteurs (Farfarello, Folletto, le Gnome, les Momies, le vendeur d'Almanachs), l'attitude de certains autres (Hercule, Atlas, le soleil, la lune, la terre, la nature), ont quelque chose de grotesque et parfois de comique d'où sort un mouvement étrange et plein de vie qui contraste avec la gravité du sujet et l'âpreté des sentences.

Certainement dans l'ensemble la prose léopardienne est grave et même sévère. Tristan parle comme il sied à son nom. En outre la correction parfaite, l'égalité et la régularité du style en une telle matière, sont des qualités qui bien que très appréciables en elles-mêmes, ne font que rendre plus sensible la triste monotonie de la dissertation. Quelques-uns ont voulu attribuer cette tristesse au style de Léopardi. On l'eût voulu sans doute moins uniforme, plus fleuri ou plus vivant. La vérité, c'est que les dialogues philosophiques et moraux, à part ceux des grecs peut-être, ne sont nullement des écrits plaisants

et réjouissants. Et si nous voulons être sincères,
la plupart de nos solennels dialogistes latins et
italiens, nous semblent plutôt lourds. Et cela se
comprend. La forme dialogique nous fait aussitôt
penser à la vivacité et au mouvement du dialogue
représentatif, et la comparaison n'est point à
l'avantage du dialogue philosophique qui correspond à des habitudes sociales et intellectuelles de
temps tout différents, et qui, par son caractère,
est très éloigné du genre comique de l'autre. En
lisant les dialogues léopardiens, mettons donc sur
le compte de la composition la sombre teinte du
raisonnement, et bornons-nous à regretter qu'ils
ne soient pas plus animés, ou seulement moins
graves, moins lourds, moins tristes. Mais Léopardi pouvait-il parler de souffrance et de mort,
avec un sourire sur les lèvres? Cependant il
sourit quelquefois, certainement, mais son sourire est un sourire contraint et ironique, plus
amer que les larmes !

Voyons maintenant de plus près ce que sont
ses *Operette morali*. La première a une forme
presque narrative, et l'auteur y résume l'*histoire
du genre humain*. Jupiter, pour améliorer la condition des hommes, étend d'abord les bornes de
la terre, varie ses formes et ses aspects ; il crée
les songes pour amuser les esprits par une apparence du bonheur qu'il ne pouvait leur faire connaître. Cette condition nouvelle ne réalisa pas

bien longtemps son dessein, et il dut recourir à de nouveaux moyens en multipliant de façon variée les formes de la vie universelle ; puis il eut l'idée d'envoyer sur la terre la Vérité, remède qui fut le pire des maux, car elle devint pour les hommes le témoignage et le miroir de leur malheur. Enfin une autre divinité, l'Amour, décide de descendre sur la terre pour consoler les humains ; mais il n'y descend que rarement et s'y arrête peu, soit à cause de l'indignité générale de la race humaine, soit que les dieux supportent avec peine son absence.

« Lorsqu'il vient sur la terre il choisit, parmi les personnes les plus généreuses et les plus magnanimes, celles dont le cœur est le plus tendre et le plus délicat pour y résider un court moment ; et il répand en elles une si étrange suavité, les remplit de sentiments si nobles et de tant de vertu et de force, qu'elles éprouvent alors une chose toute nouvelle dans l'humanité, la réalité du bonheur et non plus seulement son apparence[1] ».

Cette invention étant la première dans l'ordre des Œuvres morales, il est présumable qu'elle est aussi une des premières dans l'ordre chronologique de la composition. L'allure du discours n'est pas aussi serrée, aussi ferme que dans plusieurs des *Operette* suivantes ; l'argumentation se

---

1. Cfr. Giac. Leopardi. *Storia del genere umano*, vers la fin.

prolonge en phrases coupées, tire souvent ses preuves de minimes détails, et se poursuit en ne négligeant aucune des circonstances, des allégations, des inductions qui pouvaient aisément se sous-entendre, ainsi que le poète avait coutume de faire dans ses meilleurs écrits.

Outre cette relative surabondance des éléments de la composition, on peut remarquer un défaut de clarté et de netteté dans le style, qui n'a ni la précision ni la souplesse qu'on admire dans les autres. Il y a ici abus d'idées secondaires tirées de longueur et trop de mots, tandis qu'ailleurs la période, vigoureuse et ferme, laisse voir à nu tout l'organisme de la pensée. Quant au fond, on voit aisément que l'auteur est encore dans la première phase de son pessimisme, alors que le sentiment de la souffrance ne dépassait pas les limites des réalités contingentes, qu'il entrevoyait encore une possibilité de bonheur et de satisfaction dans la vie, qu'il voyait dans l'espace, dans ce *néant* fatal où s'abîmait sa pensée, s'agiter l'ombre séduisante de l'amour, et qu'il pensait que l'existence, du moins dans les premiers âges, était plus belle et meilleure qu'aujourd'hui.

Le dialogue *d'Hercule et d'Atlas* est plus mouvementé; cela tient en grande partie à la forme dialogique et à l'ironie comique de l'invention. Les deux interlocuteurs se disputent le monde à la balle : « Je l'entendais autrefois s'agiter si fort sur mes épaules, et le bourdonnement en était si continuel, qu'on aurait dit une ruche tandis que maintenant il sommeille. » Ici encore Léopardi, au premier stade de son pessimisme, admettait que le monde pouvait avoir du bon; le désaccord n'était qu'entre le présent et le passé, et pas encore entre l'existence et la nature.

Le dialogue de la *Mode et de la Mort*[1] est une satire sociale plutôt qu'un exposé de doctrine pessimiste. De là vient sans doute sa grande popularité. Son idée, qui est de critiquer sous une forme satirique les coutumes des hommes, n'est pas très différente de celle de la *Proposition de récompenses à l'Académie des Xylographes*. Mais le procédé d'argumentation et la forme, en quelque sorte sentencieuse, nuisent un peu à la perfection artistique du style.

L'Esprit follet et le Gnome n'est pas l'un des meilleurs de Léopardi. Il y tourne en ridicule la prétention des hommes qui s'imaginent que tout dans le monde est fait pour eux. L'homme se croit le roi de l'univers, et il n'est qu'un imperceptible atome qui ne compte même pas dans la vie et dans les révolutions du Globe. C'est en somme l'idée déjà développée dans la *Ginestra*. Mais il est bon d'observer combien dans la poésie, l'argumentation est plus serrée que dans le dialogue.

1. La mode avait dit à la mort : Je suis ta sœur, car nous sommes nées toutes deux de la Caducité.

Le pessimisme, dans la plénitude de ses éléments éthiques et dans l'invariable monotonie de son triste thème, commence véritablement à triompher dans le dialogue entre *Malambruno et Farfarello*, où le problème est posé et nettement résolu :

Malambruno. — Rends-moi heureux un seul moment.

Farfarello. — Je ne puis... Quand Belzébuth viendrait avec toute la *Giudecca* et toute la *bolge*[1], il ne pourrait, pas plus que je ne le puis moi-même, te rendre heureux toi, ni ceux de ton espèce... »

A cette idée du malheur fatal de l'humanité s'en ajoute une autre qui en est comme la conséquence : la mort vaut mieux que la vie, parce que « l'absence de souffrance est naturellement préférable à la souffrance ».

Ce postulat nouveau de la philosophie léopardienne[2] s'affirme dans ce dialogue avec tant d'amertume que le discours se poursuit serré, par attaques et ripostes, sans argumentation ni démonstration, et pour ainsi dire sans style. On dirait que dans cette terrible entrée en matière,

---

1. Mots empruntés à l'*Enfer* de Dante.
2. Je tiens à rappeler encore une fois qu'en parlant de *philosophie léopardienne*, j'ai entendu simplement représenter, dans l'acception presque générale du mot, cette particulière façon qu'avait Léopardi de considérer les choses, laissant de côté la question de savoir s'il avait ou n'avait pas la valeur réelle du philosophe. Question que l'histoire littéraire n'a point à juger.

l'auteur, effrayé lui-même, se refuse à chercher un enjolivement à son exposé, et à étendre, de quelque manière que ce soit, le développement de la composition. Mais il se familiarise bientôt avec son idée, et plus on avance dans la lecture des dialogues composés (trop de signes l'indiquent), dans l'ordre même où ils nous sont parvenus, plus il nous devient évident que l'idée première, si brusquement présentée dans les mots brefs et précis de Farfarello, fut analysée, circonstanciée, mise en lumière de toutes façons, en un mot fut retournée, travaillée de mille manières avec une entière conscience et une persévérance de pensée et d'intelligence. Et voici que la *Nature* [1] se prête à expliquer paisiblement à une *âme* d'abord, puis à un *Islandais* [2] le mystère de la perpétuelle souffrance humaine ; la *lune* [3] ensuite vient converser avec la *terre*, et gardant une placidité vraiment olympienne, elle ajoute à cette idée de la perpétuité du malheur cette autre idée d'universalité du malheur, *commun à toutes les planètes de l'univers*. Nous sommes donc au point culminant de la doctrine léopardienne, suivant la même méthode que dans les poésies : d'abord un sentiment vague de la souffrance, ensuite la séduisante vision d'un bonheur et d'une perfection appartenant à des âges révolus, et qui contraste

1. Dialogue entre la Nature et une âme.
2. Dialogue entre la Nature et un Islandais.
3. Dialogue entre la Terre et la Lune.

avec la sombre pensée de l'universelle décadence présente, puis l'assurance certaine du malheur de l'humanité, en tous temps et en tous lieux; enfin la fatalité du malheur sur tous les points de l'univers, quelles que soient ses formes.

Le point extrême de ce sombre pessimisme étant atteint, les pages qui suivent ne sont plus que des variations des mêmes motifs fondamentaux qui donnent le ton aux Chants du troisième groupe, notamment au *Chant nocturne*, à la *Palinodie*, à la *Ginestra*. De même dans la *Gageure de Prométhée* il raille la dureté des sentiments et des coutumes qui régissent et déshonorent la société humaine, barbare ou civilisée. Le dialogue du *Physicien et du Métaphysicien* procède de la même idée que *Malambruno et Farfarello* : c'est-à-dire que la vie étant un malheur inévitable, on doit désirer l'abréger et non la prolonger. Ici toutefois, il faut convenir que Léopardi traverse une période moins sombre que de coutume, en reconnaissant qu'il y a peut-être, au milieu de ce perpétuel malheur de l'existence, quelque adoucissement et quelque réconfort :

« Si tu veux être vraiment utile aux hommes en prolongeant leur vie, trouve un moyen par quoi leurs sensations et leurs actions soient multipliées en nombre et en force. De la sorte tu acroîtras raisonnablement la vie humaine; et si tu remplis les longs intervalles de temps dans lesquels notre être végète plutôt qu'il ne vit, tu

pourras la prolonger avantageusement. Et cela
sans se mettre à la recherche de l'impossible,
sans faire violence à la nature, simplement en la
secondant. Ne te semble-t-il pas que les anciens
vécurent plus que nous, bien que par les graves
et continuels dangers auxquels ils étaient exposés
leur vie fut généralement plus courte? Tu rendras
aux hommes un immense service; car une vie
très active et remplie dans sa plus grande partie,
est toujours, je ne dis pas heureuse, mais moins
malheureuse et plus exempte de douleur et d'ennui. Mais faite d'oisiveté et de mélancolie, c'est-
à-dire si elle est vide, cela nous donnerait lieu de
croire vraie cette déclaration de Pyrrhon [1],
qu'entre la vie et la mort il n'y a pas de différence. Je t'assure que si je le croyais, la mort
m'épouvanterait fort. Mais la vie doit être vivante,
c'est-à-dire réelle, ou la mort a un prix incompa-
rablement supérieur. » Cette conclusion qui s'inspire d'un idéalisme humain élevé, se rencontre
dans une déclaration semblable d'un auteur d'il y
a cinq siècles, et plutôt optimiste, Boccace [2].

Le dialogue de Torquato Tasso et de son génie familier est fait pour blâmer les illusions dont se repaît l'âme humaine, illusions qui pourtant avaient
bercé agréablement l'imagination du poète. Dans
ses poésies lyriques de la première manière, et
dans certaines de ses premières Œuvres Morales,

1. Philosophe grec qui niait tout.
2. Décaméron, sixième journée ; nouvelle IX.

comme l'Histoire du genre humain, il les avait même admises parmi les contingences de la vie mortelle. Mais avec le temps, l'ennui qui remplissait ses journées vides, les chagrins qui abreuvaient son âme ardente avide de vie et d'amour, firent naître en lui un sentiment d'une si ineffable tristesse sur l'inanité et l'inconsistance des biens de ce monde, qu'il fut amené plus d'une fois à démontrer que ces biens sont plutôt un effet de l'imagination surexcitée qu'une réalité. C'est-à-dire qu'une chose espérée, désirée, caressée en rêve, donne plus de satisfaction que lorsqu'elle est réellement obtenue. Si vrai que ce soit de certaine manière, on ne peut toutefois nier entièrement la réalité du bien, même en accordant qu'il soit pour une bonne part subjectif et relatif. Ce ne fut pas moins une confirmation de plus pour la thèse léopardienne : la vie est nécessairement, inévitablement malheureuse, puisqu'elle ne donne effectivement nulle joie.

Comme dans les *Chants*, il y a dans les *Proses* (sauf quelques exceptions) progression constante et visible dans le développement des idées. Après avoir maintes fois disserté sur cette pensée que la mort est préférable à la vie, celle-ci étant son inévitable compagne et une cause de souffrance dont celle-là est la cessation, Léopardi, dans le *Dialogue de F. Ruysch et de ses momies*[1], cherche

1. Ruysch, anatomiste hollandais (1638-1731), qui trouva une préparation chimique pour la conservation des corps.

à démontrer comment la mort, qui n'est point en soi chose douloureuse, peut même parfois être agréable. Je trouve ainsi dans cette pensée léopardienne la genèse spontanée et naturelle de ce beau dialogue que certains ont tenu à disséquer avec le scalpel anatomique pour y découvrir ce qui appartient à Pétrarque, à Legendre ou à Buffon. Découverte qui ne me paraît pas de grande importance pour l'histoire et pour la critique de la littérature; car c'est avant tout une question d'affinité et non de propriété; de correspondance d'idée et non de plagiat. La pensée est un patrimoine universel qui se transmet sans inventaire de génération en génération; le temps la modifie peu à peu, lui enlève ce qu'elle a de caduc et de suranné, et y ajoute beaucoup; et les esprits la goûtent d'autant mieux qu'ils sont plus capables de la comprendre et de la pénétrer. Or, dire que Léopardi est plagiaire parce que pour un but déterminé et en quelque sorte nouveau, comme il arrive aux grands génies, il a développé une idée qu'un autre avait déjà présentée sous une forme poétique, tel autre dans une argumentation doctrinaire, tel autre encore dans une intention scientifique, me paraît non seulement faire tort injustement au mérite de notre poète, mais en outre dénaturer le sens de l'investigation littéraire par une subtilité excessive, et offenser la vérité.

Suffisamment instruit par l'expérience de ce que sont les commentaires qui ont leur fondement dans la recherche des *sources* et dans les *comparaisons*, j'ose dire qu'on oublie ainsi et qu'on méconnaît l'unité et la spontanéité nécessaires aux conceptions de l'esprit; qu'on substitue le froid agrégat d'une mosaïque à la chaude et inconsciente assimilation d'éléments homogènes et concordants; qu'on affaiblit, au détriment de la vérité, l'idée de la littérature, et qu'on confond la vraie poésie et la belle prose que l'accord des générations perpétue, avec le stérile travail de marqueterie des écrivains et des rimeurs sans talent. Je préfère donc trouver dans l'évolution naturelle et spontanée de la pensée léopardienne la genèse de ses compositions, et je le préfère uniquement parce que cela me semble la vérité.

L'élément imaginatif si précieux au poète pour trouver, par des inventions variées, des prétextes à son argumentation, prouve ici une hardiesse et une singularité nouvelles dans la trouvaille des morts de Ruysch, lesquels recouvrent pendant un quart d'heure, à chaque fin d'année, en souvenir de la « grande année prédite sur laquelle les anciens ont écrit tant de choses », la faculté de la parole. Les momies commencent donc par un *hosanna* à la mort qui les *sauve* du moins de la souffrance, si elle ne leur donne point le bonheur.

Et avec une élégante érudition elles expliquent

> Però ch' esser beato
> Nega ai mortali e nega ai morti il fato;

pourquoi ce n'est qu'un vulgaire préjugé de croire pénible le moment de la mort ; les conditions morales et physiques de l'homme étant telles alors, que la plupart du temps il n'en peut sentir ni souffrance, ni sensation spéciale, ni même en avoir un sentiment conscient : souvent, au contraire, l'état de langueur qui en dérive peut jusqu'à un certain point lui paraître agréable.

Le dialogue de *Christophe Colomb et de P. Gutierrez* s'inspire d'une pensée moins sombre que le précédent. Toutefois celle du malheur fatal de l'existence y paraît discrètement et fournit à l'auteur des arguments pour prouver l'utilité de la tentative de Colomb. Les grandes entreprises et les nobles audaces sont non seulement un réconfort mais aussi une raison de vivre ; et si jamais la vie peut paraître un bien, c'est quand le danger nous expose à la perdre. Qu'un résultat pratique ait même manqué aux voyages de Colomb, il resterait toujours cet avantage d'inciter, par l'exemple, à occuper sa vie laborieusement et à l'aimer.

Dans le dialogue de *Timandre et d'Eléandre*, on a une réelle profession de foi de Léopardi par la bouche du second de ses personnages. Il défend ses propres écrits et dans leur forme et dans leur substance, et se défend principalement contre l'accusation portée contre lui, d'offenser la vraie morale et de répandre des idées malsaines. Mais la défense, habile, claire, ordonnée, très élégante par l'expression et le style, repose toujours cependant, quant à la substance, sur les principes de l'éthique léopardienne. Nous voyons ainsi Eléandre tourner toute la finesse de ses raisonnements sur ces postulats qui sont tantôt la prémisse, tantôt la conclusion du discours : la vanité des choses humaines et l'inévitable infélicité de tous les vivants.

Copernic, qui tire son sujet de la découverte du mouvement de la terre, est le plus étrange et le plus agréable des dialogues allégoriques léopardiens. Il se distingue des autres par moins d'âpreté et d'exclusivisme dans l'affirmation du dogme de la souffrance. Ici, à peine quelque allusion à certaines pensées dont l'expression est si dure et si amère en d'autres écrits du poète ; l'idée philosophique fait place à l'allégorie fantaisiste, le style a plus de sérénité, nous dirions presque de gaîté. Et s'il a moins d'importance en tant que doctrines morales de l'auteur, il est un excellent modèle de prose simple et très limpide.

Mais cette sérénité artistique qui se montre un instant encore dans le dialogue alerte et court du *Vendeur d'almanachs et du passant*, disparaît bientôt devant les sévères digressions doctrinales des derniers dialogues : *Plotin et Porphyre*, et *Tristan et son ami*. Dans le premier, le plus long des dialogues léopardiens, se trouve condensée toute la doctrine du suicide. Observons d'abord que ce dialogue, à la différence de presque tous

les autres, est une véritable discussion. Les deux
interlocuteurs allèguent tous les arguments qui
appuient leur thèse. Et c'est une véritable dispute
parce qu'il y a vraiment contraste, autant dans le
motif du dialogue que dans les idées qui y sont dé-
battues. Dans les autres il n'y a pas dispute parce
qu'il n'y a pas d'opposition, et l'un des interlocuteurs n'a pour rôle que de donner à l'autre, par
ses questions ou ses observations, la facilité de
développer tous les arguments qui plaisent à l'auteur et qui sont les siens.

L'auteur prend ici les deux rôles et les soutient
avec une habileté et une force égales, bien qu'il
soit évident que sous le nom de Porphyre, il
exprime ses propres idées. Il convient toutefois de
reconnaître qu'il a conduit le dialogue de manière
que Plotin est non seulement le dernier qui parle
et conclut, mais qu'il lui reste une sorte de victoire dans cette bataille dialectique. Sans aucun
doute ce morceau est l'un des meilleurs de Léopardi par l'éloquence réelle, l'abondance et la
finesse des pensées, la vigueur de l'expression,
comme par la pureté, l'égalité et la puissance de
style, qualités que je ne crois pas trouver à un
degré supérieur dans aucun des plus excellents
écrits du poète.

Le dialogue de Tristan est aussi lugubre que le
nom du principal interlocuteur, qui n'est autre
que Léopardi. Le vague désir de la mort, mani-
festé en de si chauds accents dans quelques-uns

des meilleurs chants du poète, devient ici matière
à de froids raisonnements. Tristan a accusé d'orgueil et de présomption le siècle qui se flattait
d'apporter le plus haut perfectionnement dans
toutes les formes de la vie sociale, et il veut persuader son ami, que son seul désir, sa seule espérance, son unique pensée, c'est la mort; il conclut donc par ces mots : « Si d'une part on me
proposait la destinée et la renommée de César et
d'Alexandre, pure de toute tache, et d'autre part
de mourir aujourd'hui, et que je dusse choisir, je
dirais : mourir aujourd'hui, et ma résolution serait
vite prise. » On voit combien s'étaient dissipés
dans l'esprit du poète les rêves que lui peignaient
les anciens âges comme plus heureux et plus
beaux que le temps présent, et lui faisaient apparaître l'amour d'abord, puis après l'amour, rêve
évanoui lui aussi, celui de la gloire comme
l'unique bien désirable.

Parmi ses écrits en prose ayant plus nettement
un caractère de dissertation, on peut citer la *Comparaison de la déclaration de Brutus avec celle de
Théophraste au moment de leur mort*, publiée par
l'auteur en corrélation de son *Bruto minore*. L'idée
fondamentale de cet écrit élégant de style et d'une
grande finesse dialectique, est qu'il ne sert de rien
aujourd'hui de travailler en vue de la gloire, et
que, pas plus que la vertu et la vie, elle ne doit
être considérée autrement que comme une chose
vaine, puisque les grands hommes de l'antiquité

qui vécurent en des temps où la gloire s'acquérait véritablement, et où la vertu se pratiquait, et qui poursuivirent l'une et l'autre, durent à la fin avouer qu'ils s'étaient inutilement sacrifiés à un *nom vain sans objet.*

L'*Eloge des oiseaux* est une des plus jolies compositions de Léopardi, celle où il montre le plus de sérénité d'esprit, et où le style a le plus de vivacité, presque de l'enjouement. Sans doute il composa ces gracieux tableaux dans un moment d'humeur moins sombre, car l'on y découvre à peine quelque retour aux idées qui le dominaient. On a dit de cette composition qu'elle est l'une de ses meilleures. Il est difficile de l'affirmer ou de le nier. Les qualités de fond et de forme paraissent les mêmes. Cette grande sérénité, cette vivacité, cet enjouement dont nous avons parlé, et qui ne sont en somme que des qualités accessoires, peuvent sans doute plaire davantage. Mais en réalité c'est qu'étant habitués au froid raisonnement léopardien nous sommes tentés de considérer, comme ajoutant à son mérite, le plaisir que nous éprouvons à lire cet agréable et délicat Eloge. En dehors de cette fraîche oasis, nous sommes ramenés au morne désert du pessimisme philosophique qui parle maintenant dans le *Cantique du coq sylvestre* : « Mortels, réveillez-vous. Vous n'êtes point encore délivrés de la vie. Ce temps viendra où nulle force du dehors, nul mouvement intérieur, ne vous tirera de la paix du sommeil. Maintenant la mort ne vous est point accordée. Par intervalles seulement, et pour de courts instants, l'apparence de la mort vous est consentie, car la vie ne pourrait se conserver sans une fréquente interruption. Une privation trop prolongée de ce sommeil court et passager, est un mal mortel en soi et une cause de sommeil éternel. La vie est ainsi faite que pour la supporter il faut en être privé pour reprendre haleine et se refaire par une sorte d'essai de mort partielle. Mourir paraît être l'objet propre et unique de la vie des choses. Et si ce qui n'est pas ne peut mourir, c'est donc du néant que sortent les choses qui sont. L'ultime raison de l'être, n'est sûrement pas le bonheur puisque rien ne donne le bonheur. Cependant les êtres animés se proposent cette fin dans chacun de leurs actes, mais sans l'obtenir d'aucun; et s'ingéniant, s'agitant, peinant toute leur vie, ils ne souffrent vraiment et ne travaillent que pour arriver à cette seule fin de la nature qui est la mort. »

Chacun peut voir que ce discours du « Coq sylvestre » n'est que la paraphrase des vers de *Momies* de Ruysch :

> « Sola nel mondo eterno a cui si volve
> Ogni cosa creata,
> In te, morte, si posa,
> Nostra ignuda natura[1]. »

----

1. Dans le monde éternel où s'agite toute chose créée, en toi seule, mort, notre être dépouillé trouve le repos.

Le jeune homme qui avait naguère un insatiable désir d'amour et de gloire dut éprouver un grand désenchantement en voyant tomber ses vagues illusions, et non sans déchirement il put arriver à se persuader de la vanité de ces biens tant convoités ; car il y revient sans cesse, en se remémorant, en imaginant, en délirant. On a observé avec beaucoup de raison que certaines tirades du poète contre l'amour et contre le plaisir, résultent plutôt de son sentiment tout personnel de regret et de dépit de n'en pouvoir jouir, que d'un objectif mépris philosophique. Un sourire dissimule parfois les larmes du cœur, et Léopardi, en méditant et composant, était souvent dans ce cas. Ainsi lorsqu'il déclare ne plus aimer Aspasie, il sourit à son souvenir. Mais la chaleur avec laquelle dans un chant plein de tendresse il représente sa séduisante image, ces rappels brûlants, ces raisons qu'il se donne pour se persuader lui-même qu'il avait aimé en elle un être qui n'était pas elle, ou qui ne l'était plus, n'est-ce point là une preuve que le cœur du poète, malgré l'ostentation d'un dédaigneux sourire, est encore tout à elle !

Il en fut à peu près de même quant au sentiment de la gloire qu'il railla ou méprisa, et qu'il entretint cependant toute sa vie, comme on peut le voir dans ses poésies et dans ses écrits en prose, principalement dans sa Correspondance.

Sa dissertation intitulée *Parini et la gloire* représente moins le sentiment de l'auteur qu'un de ces moments où dans un recueillement et une méditation solitaire, il se plaisait à analyser et à développer ses pensées. Ce petit traité, sans être en rien optimiste, ne dévoile pas cependant tout le pessimisme auquel arrivait parfois l'esprit de Léopardi. Ainsi il admet non seulement la possibilité d'obtenir la gloire, mais que la rechercher est chose louable; que les difficultés qui entravent ce noble désir proviennent de causes multiples, les unes inhérentes à la nature humaine, les autres indépendantes d'elle. Pouvoir se complaire dans une lecture c'est aussi admettre indirectement que les imaginations et les autres manifestations de la pensée sont une source de satisfaction pour l'homme. Avoir quelque peu la faculté et les aptitudes à admirer la perfection d'un écrit ou d'autres œuvres d'art, cela suppose un jugement tout opposé à la négation, quant à l'activité de l'esprit humain et à ses effets. Ne pas mettre en doute que l'humanité depuis les origines de la civilisation continue à progresser dans la connaissance, bien que sa marche soit lente et limitée, c'est émettre une opinion bien différente de celle exprimée dans la *Ginestra* sur « le siècle orgueilleux et sot qui, en rétrogradant, vante un recul qu'il appelle progrès. »

> . . . . . Volti addietro i passi
> Del ritornar ti vanti
> E procedere il chiami.

Ces idées tirées de la vérité de l'observation avec une certaine modération, donnent à cet écrit léopardien une sorte de sérénité accrue par un ton de bonhomie mis dans les paroles de Parini. Cas assez rare chez Léopardi qui prête toujours à ses personnages l'outrance de ses sentiments et de ses pensées. Mais il se contient ici, et ce qu'il dit n'aurait point en réalité été déplacé dans la bouche même de Parini. On ne trouverait peut-être pas un personnage historique auquel on eût plus naturellement fait dire toutes ces choses. A part bien entendu ce voile de pessimisme, apparent ou caché, qui assombrit toujours le raisonnement du poète, et la conclusion où ce pessimisme tend à s'affirmer davantage.

Reprenant l'idée déjà exprimée dans son dialogue entre la Nature et une âme, il conclut en disant que les qualités nécessaires pour acquérir la gloire sont elles-mêmes une cause de souffrance, et que cette gloire ne mérite pas d'être cherchée, si ce n'est comme *le seul bénéfice, encore que minime et incertain, que ces qualités sont capables de produire.* Léopardi passe donc d'une recherche tranquille des faits sociaux, tels qu'ils lui apparaissent, à une conclusion qui n'est qu'un retour à son idée dominante : la vanité de toute chose humaine, le malheur inéluctable de la vie, l'inutilité de l'effort tenté pour l'adoucir, et l'infinie misère de celui qui reçut de la nature un esprit et une intelligence faits pour des choses que le destin n'accorde point à l'homme.

A la manière de Xénophon dans les *Dits mémorables* de Socrate, le poète réunit et relie capricieusement une série de sentences, de maximes, de déclarations et de pensées bizarres, sous le titre de *Dits mémorables de Philippe Ottonieri*. Ottonièri, on le devine, c'est Léopardi qui de nouveau confirme et appuie ses idées pessimistes sur la vie et sur la société humaine. Le caractère de l'ouvrage se prête toutefois à des considérations morales, nombreuses et variées. Mais quant à l'art et au style, aucune remarque particulière n'est à faire.

Il en est de même des *Pensées*. Avec un peu plus d'étendue dans le développement, on y trouve des appréciations et des observations sur la nature humaine, sur la société et la civilisation. La concision et la puissance de certaines de ces Pensées n'enlèvent rien à la belle élégance du style. D'autres, plus négligées dans la forme, se ressentent de leur caractère fragmentaire. Elles sont en effet des notes détachées et jetées çà et là, telles qu'elles se présentaient à l'esprit de l'auteur dans ses dernières années, alors qu'il lui était défendu d'écrire et d'appliquer longuement son esprit. Ce sont des éclairs de la pensée, des aspects des choses, des cris de l'âme, des observations sans lien sur les coutumes sociales, agrémentées parfois d'une certaine subtilité, mais présentées le plus souvent avec un raisonnement froid, qui aurait pu s'étendre dans un dialogue ou un traité ; ce sont des éléments et des matériaux épars, et comme des restes de ses principaux écrits, que l'on pourrait comparer aux cartons laissés par un grand peintre. Composées pour être publiées, mais non revues et retouchées, ces Pensées, au nombre de cent vingt-et-une, choisies parmi environ sept cents laissées par l'auteur, sont une œuvre posthume ; et si elles peuvent contribuer à mieux faire connaître le Léopardi penseur, elles n'ajoutent rien à la valeur et à la forme littéraire de la prose léopardienne.

On a reconnu et on reconnaît toujours cette valeur littéraire à la Correspondance de Léopardi, qui nous montre en même temps les causes intimes et la genèse des doctrines dont tous les autres écrits de l'auteur sont plus ou moins imbus. Toutefois les opinions des critiques diffèrent à ce sujet. Ce qui fait que de l'admiration sans bornes des uns on arrive presque, avec d'autres comme Borgognoni, à mépriser ce livre qui contient cependant toute la vie et toute l'âme de celui qui fut Jacques Léopardi. Pour ne point laisser s'accréditer cette opinion extrême, relevons d'abord les critiques de Borgognoni. Elles se résument en ces trois choses : « La Correspondance léopardienne mise en regard des admirables correspondances de Foscolo et de Giordani paraît à tous égards insignifiante. En trop de lettres la pau-

vreté d'un sujet rebattu n'est pas même compen-
sée par la forme qui est souvent languissante. La
figure de Léopardi comme homme, ne ressort ni
belle, ni agréable de ces lettres. »

Foscolo et Giordani vécurent une vie fertile
en événements, agitée et tumultueuse souvent,
presque toujours d'une activité fébrile, infiniment
variée quant aux circonstances, aux lieux et aux
personnes dont ils eurent à parler. De là une
foule d'impressions, de sentiments et de passions
ardentes, une variété d'arguments, de pensées,
en un mot de tous les éléments de la vie intérieure
et extérieure. Il est donc naturel que leur Correspondance, remplie de cette multiplicité de circonstances et de faits, soit empreinte de tristesse
dans la douleur, de gaieté dans le bonheur,
qu'elle frémisse dans la passion, s'enflamme dans
le désir, et que tantôt dissertant, tantôt raisonnant, elle soit toujours nouvelle, toujours variée
intéressante. On ne peut certainement toujours
trouver dans celle de Léopardi, qui fut loin d'avoir
cette vie, pareil mouvement d'idées, et pareille
variété de sentiments et de faits.

Mais dans Foscolo il y a souvent emphase et
déclamation ; et déclamation aussi et rhétorique
dans Giordani. La Correspondance léopardienne
est exempte de ce défaut. En outre, dans les
lettres de Foscolo, c'est un bouillonnement de
passions qui trop souvent s'allument, mais s'étei-
gnent plus vite encore ; c'est un excès d'enthou-

siasme, un déséquilibre de sentiments, une mobilité d'impressions dans l'amour comme dans la haine; haine souvent peu raisonnée, amour pas toujours pur et louable, moralement et socialement parlant. Dans les lettres de Giordani les passions sont moins tumultueuses et les sentiments moins changeants, mais cependant il y a aussi excès d'enthousiasme, de démonstrations de paroles, et des jugements outrés sur les hommes et les choses. De tous ces défauts la Correspondance léopardienne est indemne. Et quant aux figures qui ressortent de ces Correspondances, je ne vois pas qu'il soit possible de soutenir que l'auteur des *Sepolcri* n'ait pas plutôt à perdre, ni ce qu'aurait à gagner l'honnête mais emphatique auteur des Panégyriques de Napoléon et de Canova.

Une correspondance nous montre les hommes comme en déshabillé, et dans ce déshabillé les héros eux-mêmes perdent leur caractère. Mais s'il est une correspondance qui reproduise comme en un miroir fidèle la vérité sur la vie, les sentiments et les pensées de celui qui écrit, qui fasse passer successivement de la sympathie à l'affection, de l'affection à la pitié, de la pitié à l'admiration pour celui qui écrit, s'il en est une où les actes, les idées, les sentiments soient avoués avec la simplicité d'une âme élevée, avec la sincérité qu'on appellera enfantine, mais qui est magnanime, c'est celle de Léopardi. Ne tombons pas dans l'exagération de recommander à la jeunesse comme une excellente et indispensable lecture les lettres de Jacques ; il n'y a même aucune nécessité, ni aucune raison d'imposer ces lettres comme le modèle le meilleur de style épistolaire, de langue simple, pure, précise, et autres belles qualités. Mais ce n'est pas moins cet ensemble de qualités qui me fait croire fermement qu'elles sont supérieures à celles de Foscolo, et ne sont point, au total, inférieures à celles de Giordani.

Mais laissons les comparaisons qui peuvent toujours paraître trompeuses et sans fondement, et qui d'ailleurs ne sont point des arguments concluants. La Correspondance de Léopardi paraîtra certainement moins intéressante que d'autres à celui qui y cherche des événements historiques et sociaux, des faits extérieurs et les impressions qui y correspondent. Elle n'est que l'histoire d'une grande âme qui fut grandement malheureuse, deux sortes de grandeur qui ont naturellement l'horreur des phrases emphatiques et des artifices de rhétorique. Consciemment ou non, Foscolo dans la prose de ses lettres prend une attitude ; il se donne un genre. Dans les lettres de Giordani, l'homme laisse apparaître l'écrivain. Dans celles de Léopardi, même si l'on sent une recherche de la forme, comme dans ses dédicaces, ou dans ses lettres de félicitations des premières années, il y a un naturel, une sincérité, une simplicité qu'on ne trouve qu'en bien peu de ces recueils ; et ces qualités me semblent être les plus désirables dans une correspondance. Si le plus souvent Léopardi ne put ou ne voulut point mettre le soin que les hommes de lettres mettent généralement à leurs missives, dans la crainte de paraître en public avec un insuffisant decorum, ou de manquer de prestige, il devrait lui en être tenu compte comme d'un mérite, plutôt que comme d'un défaut de ses lettres. Dans le nombre il s'en trouve de si parfaites, de si remarquables par la loyauté, la clarté, la chaleur des sentiments qu'il manifeste, qu'on doit lui pardonner si quelques-unes se ressentent de la fatigue avec laquelle sa main les traçait, le mauvais état de ses membres et de ses organes l'obligeant à s'y reprendre plusieurs fois, et ne lui permettant pas une longue application. Qu'on ajoute qu'il dictait la plupart de ses lettres, suivant les circonstances et la nécessité du moment, et que les infirmités qui l'empêchaient d'écrire, devaient lui ôter aussi l'attention, le désir et le moyen de soigner beaucoup la forme de sa dictée.

Si pour retracer historiquement la figure de l'homme et ses caractères particuliers, la publication complète de la Correspondance léopardienne est nécessaire, pour la juger littérairement il est juste de ne tenir compte que de la partie qui, du moins par certaines circonstances et certaines qualités, peut avoir une valeur littéraire. Et cette partie, à mon avis, ne perd pas à être mise en regard de nos meilleurs recueils épistolaires modernes. Bonghi, qui écrivit supérieurement sur le style, estime que cette Correspondance léopardienne est le *meilleur recueil de lettres italiennes modernes.* De Sanctis, qui avec la haute critique qui lui fut propre ne s'arrêta pas à l'impression peu favorable de courts billets insignifiants ou inconséquents, en parle ainsi : « Dans tant de sujets de douleur, il y a néanmoins quelque chose de serein dans ces lettres où l'homme, supérieur à son malheur, se relève d'autant plus fièrement qu'il est plus écrasé. Qualité antique d'une grande noblesse, plus admirée qu'imitée dans notre siècle indifférent, peu patient dans la souffrance, peu énergique dans le remède. La dignité ennoblit l'infortune, comme la modération met un décor à la richesse et à la puissance... Léopardi devant la cruelle nécessité qui l'accable et le dépasse, au lieu de se répandre en vaines plaintes, ne parle le plus souvent qu'en philosophant et en raisonnant froidement, et il devient pour lui-même un objet de méditations. »

Cette sérénité, indice de grandeur d'âme, ennoblit et accomplit sans la rompre, l'effroyable unité d'une existence et d'une œuvre inexorablement vouée à la douleur. Et Léopardi, qui vécut dans la douleur, en remplit ses écrits. De toutes les formes de la vie, des connaissances de l'histoire, des élucubrations de la philosophie, des manifestations de l'art, des contemplateurs de l'antiquité orientale aux penseurs de la Grèce antique, des éclectiques de l'ancienne Rome aux chrétiens mystiques du moyen âge, arrivant ensuite à l'élégant scepticisme des encyclopédistes, au nouveau pessimisme des théosophes français, au scepticisme positif des philosophes allemands, à l'expression artistique de cette *douleur mondiale* qui déjà en Allemagne, en France, en Angleterre, et jusqu'à un certain point en Italie, avait arraché des accents passionnés aux prosateurs et aux poètes, il embrasse, réunit et fond en une rigide synthèse, en une formule impitoyable, les mille éléments de sentiment et de pensée dont les siècles avaient tiré leurs méditations sur la vanité de la vie et les *lacrymae rerum*.

FIN

TABLE DES MATIÈRES

III

PÉRÉGRINATIONS ET SOUFFRANCES DU POÈTE

IV

LA POÉSIE DE LÉOPARDI

V

LA PROSE DE LÉOPARDI

E. GREVIN — IMPRIMERIE DE LAGNY.